일빵빵 + 가장 많이 쓰는 생활영어

(5-6-7-8월)

일빵빵
가장 많이 쓰는 생활영어(5-6-7-8월)

2020년 07월 20일 초판 1쇄 발행

지 은 이 | 서장혁
펴 낸 이 | 서장혁
기획편집 | 이경은
디 자 인 | 조은영
마 케 팅 | 한승훈, 최은성, 한아름

펴 낸 곳 | 일빵빵 어학 연구소
주   소 | 경기도 파주시 파주출판단지 회동길 216 2층
T E L | 1544-5383
홈페이지 | www.tomato4u.com
E-mail | support@tomato4u.com
등   록 | 2012. 1. 11.

가장 많이 쓰는
생활영어
긴문장 말하기 2

서장혁 지음

5 MAY

6 JUN

7 JUL

8 AUG

토마토
출판사

Thanks to...

일빵빵을 사랑해주시는 독자 분들과

'가장 많이 쓰는' 시리즈를 함께 해준

일빵빵 어학 연구소 팀원들에게

감사드립니다.

'가장 많이 쓰는 생활영어'는

✓ **실생활 표현에 쓰이는**
영어단어를 연상하는 힘을 길러 드립니다.

단, 1,000개의 중학교 수준의 단어만 알면 365일 여러분의 생활을 영어로 표현할 수 있습니다. 우리가 자유롭게 표현할 수 없는 이유는 알고 있는 단어의 개수가 아니라 얼마나 적절한 단어를 순간 적절하게 연상할 수 있도록 연습이 되어 있는가의 문제입니다.

✓ **쉬운 단어와 문장만으로**
길게 조합하는 힘을 길러 드립니다.

단, 300개의 표현만으로 365일 실생활을 표현할 수 있습니다. 한국에서 배우는 기초영어 수준의 예문 문장은 1초~2초정도의 문장입니다. 우리가 단, 10초 정도의 말도 영어로 못하는 이유는 문장 표현을 몰라서가 각 문장들을 적절하게 조합하는 훈련이 안 되어 있어서 그렇습니다.

● 이제는 긴 문장으로 말하자!

▶ 1단계 미션 [동사찾기]

실생활 표현을 일기 형식으로 각 날짜별로 한글로 써보고, 각 문장마다 동사를 자동적으로 찾아보는 단계. (밑줄)

예   내가 공을 던지면, 알파는 공을 가져오곤 했다.

    → 내가 공을 <u>던지면</u>, 알파는 공을 <u>가져오곤 했다</u>.

▶ 2단계 미션 [주어찾기]

위의 문장에서 표현할 동사를 찾았으면 각 동사에 맞는 주어를 있는 대로 찾아보는 단계.

주어 : (　　　)

예   내가 공을 <u>던지면</u>, 알파는 공을 <u>가져오곤 했다</u>.

    → (내가) 공을 <u>던지면</u>, (알파는) 공을 <u>가져오곤 했다</u>.

▶ 3단계 미션 [문장구조 파악하기]

각 문장마다 '주어 + 동사'를 묶어보면서 그러한 문장이 몇 개가 조합되어 있는지 파악하는 단계.

예 (내가) 공을 <u>던지면</u>, (알파는) 공을 <u>가져오곤 했다</u>.

→ ~할 때 + [내가] + [던졌다] + 공을, [알파는] + [가져오곤 했다] + 공을
  　　　　　　 S 　　　 V 　　　　　　　　 S 　　　　　 V

▶ 4단계 미션 [문장다듬기]

각 표현에 맞는 영단어 연상과 배열을 통해 긴 문장을 조합해 서 다듬어 나가는 단계.

예 ~할 때 + [내가] + [던졌다] + 공을, [알파는] + [가져오곤 했다] + 공을
  　　　　 S 　　　 V 　　　　　　　 S 　　　　　 V

→ When + [I] + [threw] + the ball, [Alpha] + [would bring back] + the
  　　　　 S 　　 V 　　　　　　　　　 S 　　　　 V
ball

• 2권에서 알아두어야 할 어휘

산책하다	= go on walks
공놀이를 하다	= play with a ball
공을 던지다	= throw a ball
공을 다시 가져오다	= bring it back
쓰다듬어주다	= pet
간식을 주다	= give my dog treats
꼬리를 흔들다	= wag one's tail

다이어트를 하다	= be on a diet
자전거를 타다	= go on a bike ride
헬멧을 쓰다	= wear one's helmet
페달을 밟다	= pedal
목적지에 도착하다	= reach one's destination
자전거 자물쇠를 채우다	= lock one's bike
조깅하러 가다	= go jogging
운동화를 신다	= put on my running shoes
신발끈을 묶다	= tie my laces
경치를 구경하다	= take in the scenery
땀을 닦다	= wipe away my sweat
물 한 모금 마시다	= have a sip of water
인사하다	= say hello

시간이 나다	= have time

인터넷을 하다	= surf the internet
뉴스를 읽다	= read the news
이메일을 확인하다	= check my email
유튜브를 보다	= watch YouTube
넷플릭스를 구독하다	= get a Netflix subscription
영화를 보다	= watch movies
재미있다	= have fun
시간이 지나가버리다	= time flew by

수업이 끝나다	= class ends
집에 오다	= arrive home
TV를 틀다	= turn on TV
~ 채널을 고정하다	= stay tuned for ~
볼륨을 높이다	= raise the volume
본방사수하다	= try not to miss shows

입어보다	= try it on
(사이즈를) 바꾸다	= trade
신용카드로 사다	= pay for with my credit card
환불하다	= get a refund

비가 계속 오다	= keep raining
온라인 쇼핑을 하다	= do some online shopping
웹사이트에 접속하다	= visit the website
회원가입을 하다	= register as a member
검색하다	= search for
배송지를 입력하다	= enter my shipping address

결제하다	= purchase

장보러가다	= go grocery shopping
쇼핑리스트를 작성하다	= make a shopping list
쇼핑카트를 끌다	= take a shopping cart
무게를 재다	= weigh
비닐에 담다	= put in plastic bags
돈을 아끼다	= save money
과소비를 막다	= prevent overspending

배달을 시키다	= have one delivered
피자를 주문하다	= order my pizza
감자튀김을 시키다	= order fries
토핑을 추가하다	= add toppings
치즈를 추가하다	= add cheese
쿠폰이 있다	= have a coupon

~하기로 하다	= make plans to~
~을 잘 하다	= be good at~
레슨을 받다	= take lessons
물에 들어가다	= enter the water
샤워하다	= shower
수영복을 입다	= put on swimsuit
준비운동을 하다	= warm up
~법을 가르치다	= teach how to~
수영장에 사람이 없다	= The pool is empty

여행을 가다	= go on a trip
배낭여행을 가다	= go backpacking
많은 정보를 얻다	= find a lot of information
비행기표를 사다	= buy a plane ticket
호텔방을 예약하다	= book a hotel room
짐을 싸다	= pack my luggage
좋은 추억을 쌓다	= make good memories
유럽으로 떠나다	= leave for Europe
환전하다	= exchange my money
여행가방을 꺼내다	= get my suitcase out of~
무게를 초과하다	= go over the weight limit
이름표를 달다	= attach a name tag

공항에 도착하다	= arrive at the airport
게이트로 가다	= go to the gate
탑승 수속을 하다	= check in
탑승권을 받다	= get my boarding pass
짐을 부치다	= check my luggage
신발을 벗다	= take off my shoes
보안검색대를 통과하다	= go through security
게이트에서 대기하다	= wait at the gate
탑승 순서가 되다	= be my turn to board
줄을 서다	= get in line

비행기에 탑승하다	= board the plane
자리를 찾다	= find my seat
안내를 받다	= be helped by

기내 수하물을 싣다	= store my carry-on
벨트를 매다	= put on/fasten my seatbelt
시간을 때우다	= kill time
의자를 뒤로 젖히다	= recline my seat
공항에 도착하다	= land at the airport

사람이 많다	= be crowded
표를 사다	= buy a ticket
목적지를 확인하다	= confirm my destination
플렛폼에 가다	= go to the platform
리무진을 타다	= board the shuttle
버스정류장을 확인하다	= check the bus stop
벨을 누르다	= ring the bell
하차하다	= get off

호텔 체크인을 하다	= check in
~로 안내받다	= be directed to~
보증금을 내다	= pay the deposit
와이파이 비밀번호를 받다	= receive the Wi-Fi password
내게 모닝콜을 해주다	= give me a wake-up call
힘들어서 쓰러지다	= pass out
방에 들어가다	= enter my room

관광지를 가보다	= have been to the tourist attractions
사진을 찍다	= take a picture
기념품을 사다	= buy a souvenir
시내 지도를 받다	= get a map of the city

1일 패스를 구매하다	= purchase a one-day pass
관광을 하다	= go sightseeing
관광을 하다	= take in the sights
친구를 사귀다	= make friends
들르다	= stop by
기념품을 모으다	= collect souvenirs

일빵빵 가장 많이 쓰는 생활영어
CONTENTS

오늘의
생활 영어 미션 ㉑

5월 3일 월요일 맑음

우리 강아지 알파는 산책을 진짜 좋아한다.

그래서 산책 가자고 하면 꼬리를 흔든다.

집 앞 공원에서 우린 공놀이도 했다.

내가 공을 던지면, 알파는 공을 가져오곤 했다.

그러면 나는 알파에게 잘했다고 쓰다듬어주고 간식을 준다.

※ 동사는 밑줄로 표시하기.

1. 우리 강아지 알파는 산책을 진짜 좋아한다.   (1개)

2. 그래서 산책 가자고 하면 꼬리를 흔든다.   (3개)

3. 집 앞 공원에서 우린 공놀이도 했다.   (1개)

4. 내가 공을 던지면, 알파는 공을 가져오곤 했다.   (2개)

5. 그러면 나는 알파를 쓰다듬어주고 간식을 준다.   (2개)

해답

1. 우리 강아지 알파는 산책을 진짜 <u>좋아한다</u>.   (1개)
2. 그래서 <u>산책</u> 가자고 <u>하면</u> 꼬리를 <u>흔든다</u>.   (3개)
3. 집 앞 공원에서 우린 <u>공놀이</u>도 했다.   (1개)
4. 내가 공을 <u>던지면</u>, 알파는 공을 <u>가져오곤</u> 했다.   (2개)
5. 그러면 나는 알파를 <u>쓰다듬어주고</u> 간식을 <u>준다</u>.   (2개)

※ 주어를 있는대로 찾아보기(숨어있는 주어 포함).

1. 우리 강아지 알파는 산책을 진짜 좋아한다.   (1개)
`주어`

2. 그래서 산책 가자고 하면 꼬리를 흔든다.   (3개)
`주어`

3. 집 앞 공원에서 우린 공놀이도 했다.   (1개)
`주어`

4. 내가 공을 던지면, 알파는 공을 가져오곤 했다.   (2개)
`주어`

5. 그러면 나는 알파를 쓰다듬어주고 간식을 준다.   (2개)
`주어`

해답	1. (우리 강아지 알파는) 산책을 진짜 좋아한다.	(1개)
	2. 그래서 <내가> <우리> 산책 가자고 하면 <강아지는> 꼬리를 흔든다.	(3개)
	3. 집 앞 공원에서 (우린) 공놀이도 했다.	(1개)
	4. (내가) 공을 던지면, (알파는) 공을 가져오곤 했다.	(2개)
	5. 그러면 (나는) 알파를 쓰다듬어주고 (나는) 간식을 준다.	(2개)

• 주어 : (   ), 숨은 주어 : <   >

3단계 문장 구조 파악하기

※ 보기를 이용해 문장을 완성하고, 문장의 구조 파악하기.

1. 우리 강아지 알파는 산책을 진짜 좋아한다.

= [　　]S + [　　]V + 진짜 + 산책을

2. 그래서 산책 가자고 하면 꼬리를 흔든다.

= 그래서 + ~할 때 + [　　]S + [　　]V + ~를 + [　　]S + [　　]V + [　　]S + [　　]V + 꼬리를

3. 집 앞 공원에서 우린 공놀이도 했다.

= [　　]S + [　　]V + 공원에서 + 집 앞 + ~도

4. 내가 공을 던지면, 알파는 공을 가져오곤 했다.

= ~하면 + [　　]S + [　　]V + 공을 + [　　]S + [　　]V + 공을

5. 그러면 나는 알파를 쓰다듬어주고 간식을 준다.

= 그러면 + [　　]S + [　　]V + 알파를 + 그리고 + [　　]S + [　　]V + 알파에게 + 간식을

보기

S　　I / he / My dog, Alpha / We / Alpha

V　　give / say / would pet / loves / threw / wags / played with a ball / are going for a walk / would bring back

※ 어휘를 활용해서 문장 완성하기.

1. 우리 강아지 알파는 산책을 진짜 좋아한다.

= [우리 강아지 알파는] + [좋아한다] + 진짜 + 산책을
  　　　　S　　　　　　　　V

❶ 우리 강아지 알파는 + 좋아한다

= **My dog, Alpah, loves**
- My dog과 Alpha가 같은 주어이므로 이럴때는 '동격'이라고 하며, 컴마로 나타낸다.

- 진짜

= **really**
- 부사로서 보통 일반동사를 수식해 줄때는 일반동사 앞에 붙여준다.

  = My dog, Alpha, really loves.

- 산책을

= **going on walks**
- 산책이라는 단어는 'walk'라고 표현을 하기도 하지만, 여기서 의미는 '산책하는 것을 좋아한다 = 좋아하다 + 산책하다'라는 의미로 해석해 주는 것이 자연스럽다.
- 앞에 동사 'love : 좋아하다'와 'go on walks : 산책하다'를 함께 표현할 때는 'love going on walks'라고 'love' 다음에 동명사 '~ing'로 주로 처리한다.

어순 정리 **My dog, Alpha, really loves going on walks.** [문장1개]

2. 그래서 산책 가자고 하면 꼬리를 흔든다.

= 그래서 + ~할 때 + [내가] + [말하다] + ~를 + [우리] + [산책갈거다] + [강아지는]
                S   V   S   V   S
  + [흔든다] + 꼬리를
       V

© 그래서   = So

© ~할 때   = when

❶ 내가 + 말하다   = I say

© ~를   = that
                    • 뒤에 문장을 명사의 의미로 묶어주는 역할을 하는 접속사
                      이다.

❷ 우리 +   =we're going for a walk
    산책 갈 거다

❸ 강아지는 +   = he wags
    흔든다   • wag - wag - wag : (꼬리를) 흔들다

    • 꼬리를   = his tail

어순 정리 So when I say that we're going for a walk, he wags his tail.

문장을 더 줄여보자   보통 두 문장을 이어주는 접속사 that이 '~을/를'이라는 목적
                             어의 의미로 사용되었을때는 굳이 'that'을 사용하지 않고 생
                             략해도 된다.

So when I say we're going for a walk, he wags his tail. [문장3개]

3. 집 앞 공원에서 우린 공놀이도 했다.

= [우리는] + [공놀이를 했다] + 공원에서 + 집 앞 + ~도
　　 S 　　　　V

❶ 우리는 +
공놀이를 했다

= We played with a ball
· play with a ball : 공놀이를 하다

· 공원에서

= at the park

· 집 앞

= in front of our house
· in front of : ~의 앞에서

· ~도

= too
· '~도, 또한' 의미를 사용할 때는 'also'나 'too'를 사용하는 데 문장 끝에 사용하고자 할 때는 'too'만 붙여주면 된다.

We played with a ball at the park in front of our house, too. [문장1개]

4. 내가 공을 던지면, 알파는 공을 가져오곤 했다.

= ~하면 + [내가] + [던지다] + 공을 + [알파는] + [가져오곤 했다] + 공을
　　　　 S 　　 V 　　　　　 S 　　　　V

ⓒ ~하면

= When
· '~하면'은 문맥상 '~할 때'로 바꾸어 줄 수 있다.

❶ 내가 + 던지다

= I threw
- throw - threw - thrown : 공을 던지다

- 공을

= the ball

❷ 알파는 + 가져오곤 했다

= Alpha would bring back
- '~하곤 하다'라는 과거의 규칙적인 습관을 표현할 때는 'would'를 사용한다. '가져오다'는 'bring back'이라고 표현하면 된다.

- 공을

= it
- 원래는 'the ball'이라고 해야 하지만 영어에서는 중복을 피하는 경우가 많다. 바로 앞 문장에 'the ball'이라고 했으므로 'it'라고 하는 것이 좋다.
- 주의 'bring back it'이라고 하지 않고 'it'와 같은 대명사가 오면 동사와 부사 사이에 넣어준다.
bring it back : 공을 가져오다

(어순 정리) **When I threw the ball, Alpha would bring it back.**
[문장2개]

5. 그러면 나는 알파를 쓰다듬어주고 간식을 준다.

= 그러면 + [나는] + [쓰다듬어주다] + 알파를 + 그리고 + [나는] + [준다] + 알파에
　　　　　　 S　　　　 V　　　　　　　　　　　　　 S　　　 V
게 + 간식을

ⓒ 그러면

= Then
- '그러면' 혹은 '그리고 나면'으로 바꾸어 줄 수 있으면 이럴 때는 'then'이 자연스럽다.

❶ 나는 +
쓰다듬어주다

= I would pet
- 전체 시제가 '과거'에 중심을 두었으므로 '과거형'을 사용해야 하는데 역시 '과거의 일반적 습관'을 나타내므로 규칙적 습관을 나타내는 조동사 'would'를 붙여주는 것이 좋다.
- pet : (명) 애완동물 / (동) 쓰다듬다

- 알파를

= him

ⓒ 그리고

= and

❶ 나는 준다

= I would give
- 이 문장에서의 의미도 '주곤 했다'라는 의미로 볼 수 있다.

- 알파에게

= him
- 여기서도 'Alpha'는 앞의 문장에서 이미 나왔으므로 중복을 피하기 위해 대명사 'him'으로 바꾸어 주는 것이 좋다. 보통 생명체는 'he'나 'she'로 받아주고 'it'라고 하지 않음을 주의한다. '~에게'는 4형식 동사의 목적어로 쓰인다.

- 간식을

= treats
- treat : 선물, 대접, 한턱
- 보통 'give him treats'라고 하면, '그에게 선물을 주다' 혹은 '그에게 ~댓가로 한턱 내다' 등의 의미로 사용되지만 그 대상이 애완동물일 경우는 '그에게 ~한 댓가로 간식을 주다'라는 의미로 표현한다.

어순 정리 **Then I'd pet him and give him treats.** [문장2개]

5단계 미션클리어

※ 한글 문답을 보고 시간 내에 영어로 말해보기.(20초)

Korean ver.

5월 3일 월요일 맑음

우리 강아지 알파는 산책을 진짜 좋아한다.

그래서 산책 가자고 하면 꼬리를 흔든다.

집 앞 공원에서 우린 공놀이도 했다.

내가 공을 던지면, 알파는 공을 가져오곤 했다.

그러면 나는 알파에게 잘했다고 쓰다듬어주고 간식을 준다.

English ver.

Monday, May 3rd clear

My dog, Alpha, really loves going on walks.

So when I say we're going for a walk, he wags his tail.

We played with a ball at the park in front of our house, too.

When I threw the ball, Alpha would bring it back.

Then I'd pet him and give him treats.

오늘의
생활 영어 미션 ㉒

5월 14일 금요일 쾌청

오늘 아침 날씨가 좋아서 친구와 자전거를 타기로 했다.

자전거를 타는 동안 헬멧을 쓰고, 천천히 페달을 밟았다.

목적지에 도착해서 자전거를 세우고 자물쇠를 채워 놓았다.

우리는 강가 끝자락에서 자전거 옆에서 라면을 먹었다.

옛날 생각이 많이 나는 날이었다.

1단계 동사 찾기

※ 동사는 밑줄로 표시하기.

1. 오늘 아침 날씨가 좋아서 친구와 자전거를 타기로 했다. (2개)

2. 자전거를 타는 동안 헬멧을 쓰고, 천천히 페달을 밟았다. (3개)

3. 목적지에 도착해서 자전거를 세우고 자물쇠를 채워 놓았다. (3개)

4. 우리는 강가 끝자락에서 자전거 옆에서 라면을 먹었다. (1개)

5. 옛날 생각이 많이 나는 날이었다. (1개)

해답
1. 오늘 아침 날씨가 <u>좋아서</u> 친구와 자전거를 <u>타기</u>로 했다. (2개)
2. 자전거를 <u>타는</u> 동안 헬멧을 <u>쓰고</u>, 천천히 페달을 <u>밟았다</u>. (3개)
3. 목적지에 <u>도착해서</u> 자전거를 <u>세우고</u> 자물쇠를 채워 <u>놓았다</u>. (3개)
4. 우리는 강가 끝자락에서 자전거 옆에서 라면을 <u>먹었다</u>. (1개)
5. 옛날 생각이 많이 나는 <u>날이</u>었다. (1개)

2단계 주어 찾기

※ 주어를 있는대로 찾아보기(숨어있는 주어 포함).

1. 오늘 아침 날씨가 좋아서 친구와 자전거를 타기로 했다.　　　　　　　　(2개)

　주어

2. 자전거를 타는 동안 헬멧을 쓰고, 천천히 페달을 밟았다.　　　　　　　　(3개)

　주어

3. 목적지에 도착해서 자전거를 세우고 자물쇠를 채워 놓았다.　　　　　　(3개)

　주어

4. 우리는 강가 끝자락에서 자전거 옆에서 라면을 먹었다.　　　　　　　　(1개)

　주어

5. 옛날 생각이 많이 나는 날이었다.　　　　　　　　　　　　　　　　　(1개)

　주어

해답

1. <가주어> 오늘 아침 날씨가 좋아서 (친구와) <나는> 자전거를 타기로 했다.　　(2개)
2. <우리가> 자전거를 타는 동안 <우리는> 헬멧을 쓰고, <우리는> 천천히 페달을 밟았다. (3개)
3. <우리가> 목적지에 도착해서 <우리는> 자전거를 세우고 <우리는> 자물쇠를 채워 놓았다.
　　　　　　　　　　　　　　　　　　　　　　　　　　　　　　　　　(3개)
4. (우리는) 강가 끝자락에서 자전거 옆에서 라면을 먹었다.　　　　　　　　(1개)
5. <가주어> 옛날 생각이 많이 나는 날이었다.　　　　　　　　　　　　　(1개)

• 주어 : ( ), 숨은 주어 : < >

문장 구조 파악하기

※ 보기를 이용해 문장을 완성하고, 문장의 구조 파악하기.

1. 오늘 아침 날씨가 좋아서 친구와 자전거를 타기로 했다.

= 왜냐하면 + [   ] + [   ] + 날씨가 좋은 + 오늘 아침 + [   ] + [   ] + 자전거를
                      S   V   S   V

2. 자전거를 타는 동안 헬멧을 쓰고, 천천히 페달을 밟았다.

= ~ 동안 + [   ] + [   ] + [   ] + [   ] + 헬멧을 + 그리고 + [   ] + [   ]
              S   V   S   V   S   V
  + 천천히

3. 목적지에 도착해서 자전거를 세우고 자물쇠를 채워 놓았다.

= ~할 때 + [   ] + [   ] + 목적지에 + [   ] + [   ] + 자전거를 + 그리고 + [   ]
           S   V   S   V   S
  + [   ] + 자전거를
       V

4. 우리는 강가 끝자락에서 자전거 옆에서 라면을 먹었다.

= [   ] + [   ] + 라면을 + 자전거 옆에서 + 강가 끝자락에서
   S   V

5. 옛날 생각이 많이 나는 날이었다.

= [   ] + [   ] + 날 + 옛날 생각이 많이 나는
   S   V

보기

S We / It / my friend and I

V locked / ate / wore / decided to go on / reached / was / pedaled / parked / rode

문장 다듬기

※ 어휘를 활용해서 문장 완성하기.

1. 오늘 아침 날씨가 좋아서 친구와 자전거를 타기로 했다.

= 왜냐하면 + [가주어] + [였다] + 날씨가 좋은 + 오늘 아침 + [친구와 나는] + [타기
    $\quad\quad\quad\quad\quad$ S $\quad\quad$ V $\quad\quad\quad\quad\quad\quad\quad\quad\quad\quad\quad\quad\quad\quad\quad$ S
로 했다] + 자전거를
   V

ⓒ **왜냐하면**

= Because

❶ **가주어 + ~였다**

= It was

• 날씨가 좋은

= nice out
• 여기서는 굳이 '날씨'라는 표현보다는 '아침에 밖에 날이 너무 좋았다'라는 의미이므로, 한글로 뜻이 그래도 문맥상 'nice out' 정도로만 표현해도 자연스럽게 의미가 전달 될 수 있다.

• 오늘 아침

= this morning

❷ **친구와 +
   타기로 했다**

= my friend and I decided to go on
• 주어는 '친구와'라고 했지만 속뜻은 '친구와 내가' 같이 탄다는 의미이다. 따라서 영어에서는 주어는 명확히 해주어야 하므로 'my friend and I'까지 해주는 것이 좋다. '~하기로 했다 = decided to~'로 표현해 주며, '자전거를 타다 = go on a bike ride'를 사용해서 동사는 'decided to go on'까지 표현해 준다.

- 자전거를

> = a bike ride
> - go on a bike ride : 자전거를 타다

어순 정리 **Because it was nice out this morning, my friend and I decided to go on a bike ride.** [문장2개]

2. 자전거를 타는 동안 헬멧을 쓰고, 천천히 페달을 밟았다.

= ~ 동안 + [우리가] + [자전거를 탄다] + [우리는] + [쓴다] + 헬멧을 + 그리고 + [우
　　　　　　S　　　　V　　　　　 S　　　V
리는] + [페달을 밟았다] + 천천히
　S　　　　　V

ⓒ **~ 동안**

> = While

❶ **우리가 +
자전거를 탔다**

> = We rode
> - '탈 것을 타다'는 주로 'ride'라는 단어를 동사처럼 사용한
>   다. 명사로도 사용될 수 있음을 주의한다.
> - ride - rode - rode

❷ **우리는 + 썼다**

> = We wore
> - '모자나 헬멧을 착용하다, 쓰다'라고 할 때는 'wear'라고한다.
> - wear - wore - worn

- 헬멧을

> = helmets

ⓒ **그리고**

> = and

❸ 우리는 +
페달을 밟았다

　• 천천히

= We pedaled
• pedal : (명사) 페달 / (동사) 페달을 밟다

= slowly

어순정리 **While we rode, we wore hel-**
mets and we pedaled slowly. [문장3개]

\# 문장을 더 줄여보자

부사의 의미를 갖는 접속사(While)가 오는 문장은 뒤의 문장
과 주어(we)가 같으면 구문으로 바꾸어 줄 수 있다. 이럴 때
는 우선 해당 문장의 같은 주어(we)를 생략하고 동사
(rode)는 '동사의 원형(ride) + ing' 형태로 바꾸어주어 문장
이 아닌 구문의 형태로 만들어주어 문장의 개수를 줄일 수
있다.
또한, 뒤의 'we have helmets and we pedal slowly' 문장
또한 주어가 반복되므로 'and + we'는 생략할 수 있다.

어순정리 **While riding, we wore our helmets and pedaled**
slowly. [문장2개]

3. 목적지에 도착해서 자전거를 세우고 자물쇠를 채워 놓았다.

= ~할 때 + [우리가] + [도착했다] + 목적지에 + [우리는] + [세웠다] + 자전거를 +
　　　　　 S 　　　　V 　　　　　　　　 S 　　　　 V
그리고 + [우리는] + [자물쇠를 채워놓았다] + 자전거를
　　　　　 S 　　　　　 V

ⓒ ~할 때

= When

**❶ 우리가 +
도착했다**

= we reached
- '장소에 도달하다, 도착하다, 닿다' 라는 동사는 'reach'로
  도 표현된다.

- 목적지에

= our destination

❷ 우리는 + 세웠다

= we parked

- 자전거를

= our bikes (뒤의 단어와 중복이므로 생략 가능)

ⓒ 그리고

= and

**❸ 우리는 +
자물쇠를 채웠다**

= we locked
- lock : 자물쇠를 채우다

- 자전거를

= our bikes

어순 정리 **When we reached our destination, we parked and
locked our bikes.** [문장3개]

4. 우리는 강가 끝자락에서 자전거 옆에서 라면을 먹었다.

= [우리는] + [먹었다] + 라면을 + 자전거 옆에서 + 강가 끝자락에서
    S   V

❶ 우리는 + 먹었다

= We ate

- 라면을

= ramen

- 자전거 옆에서

= next to our bikes
- next to ~ : ~ 옆에서

- 강가 끝자락에서

= at the edge of the river
- at the edge of : 끝자락에서
- edge : 끝, 모서리, 변두리

어순 정리 **We ate ramen next to our bikes at the edge of the river.** [문장1개]

5. 옛날 생각이 많이 나는 날이었다.

= [가주어] + [~이었다] + 날 + 옛날 생각이 많이 나는
　　S　　　　V

❶ 가주어 + ~이었다

= It was

- 날

= a day

- 옛날 생각이 많이 나는

= filled with nostalgia

주의 It was a day. A day is filled with nostalgia.

It was a day which is filled with nostalgia.

(중복단어 which 로 변환)

= It was a day (which is) filled with nostalgia.

(문장이 합쳐질 때 관계대명사 + be동사는 생략 가능)

어순 정리 **It was a day filled with nostalgia.** [문장1개]

5단계 미션클리어

※ 한글 문답을 보고 시간 내에 영어로 말해보기.(20초)

Korean ver.

5월 14일 금요일 쾌청

오늘 아침 날씨가 좋아서 친구와 자전거를 타기로 했다.

자전거를 타는 동안 헬멧을 쓰고, 천천히 페달을 밟았다.

목적지에 도착해서 자전거를 세우고 자물쇠를 채워 놓았다.

우리는 강가 끝자락에서 자전거 옆에서 라면을 먹었다.

옛날 생각이 많이 나는 날이었다.

English ver.

Friday, May 14th sunny

Because it was nice out this morning, my friend and I decided to go on a bike ride.

While riding, we wore our helmets and pedaled slowly.

When we reached our destination, we parked and locked our bikes.

We ate ramen next to our bikes at the edge of the river.

It was a day filled with nostalgia.

오늘의
생활 영어 미션 ㉓

5월 30일 일요일 선선함

나는 요즘 다이어트 중이다.

그래서 아침에 시간이 나면 한강에서 조깅을 한다.

나는 오늘도 아침 일찍 운동화를 신고, 신발 끈을 묶고 나갔다.

한강을 따라 조깅을 하면서 경치도 구경했다.

중간 중간 땀도 닦고 시원한 물을 마시고 사람들과 인사도 했다.

※ 동사는 **밑줄**로 표시하기.

1. 나는 요즘 다이어트 중이다. (1개)

2. 그래서 아침에 시간이 나면 한강에서 조깅을 한다. (2개)

3. 나는 오늘도 아침 일찍 운동화를 신고, 신발 끈을 묶고 나갔다. (3개)

4. 한강을 따라 조깅을 하면서 경치도 구경했다. (2개)

5. 중간 중간 땀도 닦고 시원한 물을 마시고 사람들과 인사도 했다. (3개)

해답

1. 나는 요즘 다이어트 중이다. (1개)

2. 그래서 아침에 시간이 나면 한강에서 <u>조깅</u>을 한다. (2개)

3. 나는 오늘도 아침 일찍 운동화를 <u>신고</u>, 신발 끈을 <u>묶고</u> <u>나갔다</u>. (3개)

4. 한강을 따라 조깅을 하면서 경치도 <u>구경했다</u>. (2개)

5. 중간 중간 땀도 <u>닦고</u> 시원한 물을 <u>마시고</u> 사람들과 <u>인사도</u> 했다. (3개)

2단계 주어 찾기

※ 주어를 있는대로 찾아보기(숨어있는 주어 포함).

1. 나는 요즘 다이어트 <u>중이다</u>.   (1개)

주어

2. 그래서 아침에 시간이 <u>나면</u> 한강에서 <u>조깅을 한다</u>.   (2개)

주어

3. 나는 오늘도 아침 일찍 운동화를 <u>신고</u>, 신발 끈을 <u>묶고</u> <u>나갔다</u>.   (3개)

주어

4. 한강을 따라 <u>조깅을</u> 하면서 경치도 <u>구경했다</u>.   (2개)

주어

5. 중간 중간 땀도 <u>닦고</u> 시원한 물을 <u>마시고</u> 사람들과 <u>인사도 했다</u>.   (3개)

주어

해답

1. (나는) 요즘 다이어트 중이다.   (1개)
2. 그래서 아침에 (시간이) 나면 <나는> 한강에서 조깅을 한다.   (2개)
3. 오늘도 아침 일찍 <나는> 운동화를 <u>신고</u>, <나는> 신발 끈을 <u>묶고</u> <나는> <u>나갔다</u>.   (3개)
4. <나는> 한강을 따라 조깅을 하면서 <나는> 경치도 <u>구경했다</u>.   (2개)
5. <나는> 중간 중간 땀도 <u>닦고</u> <나는> 시원한 물을 <u>마시고</u> <나는> 사람들과 인사도 했다. (3개)

* 주어 : ( ), 숨은 주어 : <   >

3단계 문장 구조 파악하기

※ 보기를 이용해 문장을 완성하고, 문장의 구조 파악하기.

1. 나는 요즘 다이어트 중이다.

= [　　　] + [　　　] + 다이어트 + 요즘
　　S　　　　　V

2. 그래서 아침에 시간이 나면 한강에서 조깅을 한다.

= 그래서 + 아침에 + ~할 때 + [　　　] + [　　　] + [　　　] + [　　　] + 한강에서
　　　　　　　　　　　　　　　S　　　　V　　　　S　　　　V

3. 나는 오늘도 아침 일찍 운동화를 신고, 신발 끈을 묶고 나갔다.

= 오늘도 + [　　　] + [　　　] + 운동화를 + 그리고 + [　　　] + [　　　] + 신발 끈을 + 그리고
　　　　　　S　　　　V　　　　　　　　　　　　　　S　　　　V

+ [　　　] + [　　　] + 아침 일찍
　　S　　　　V

4. 한강을 따라 조깅을 하면서 경치도 구경했다.

= ~하면서 + [　　　] + [　　　] + 한강을 따라 + [　　　] + [　　　] + 경치도
　　　　　　S　　　　V　　　　　　　　　　　S　　　　V

5. 중간 중간 땀도 닦고 시원한 물을 마시고 사람들과 인사도 했다.

= [　　　] + [　　　] + 땀도 + 중간 중간 + 그리고 + [　　　] + [　　　] + 시원한 물을 + 그리
　　S　　　　V　　　　　　　　　　　　　　　　　S　　　　V

고 + [　　　] + [　　　] + 사람들과
　　　S　　　　V

<u>S</u>　I / time

<u>V</u>　wiped away / am on / took / go jogging / put on / had sips of / tied / said
hello to / went out / permits / jogged

4단계　문장 다듬기

※ 어휘를 활용해서 문장 완성하기.

1. 나는 요즘 다이어트 중이다.

= [나는] + [~중이다] + 다이어트 + 요즘
　 S　　　　V

❶ **나는 + ~중이다**

> = I am on
> • 'on'은 전치사로서 be 동사 뒤에 위치하면 '~하는 중이다'
>   라는 의미가 된다.

• 다이어트

> = a diet

• 요즘

> = these days

어순 정리　**I'm on a diet these days.**　[문장1개]

2. 그래서 아침에 시간이 나면 한강에서 조깅을 한다.

= 그래서 + 아침에 + ~할 때 + [시간이] + [나다] + [나는] + [조깅을 한다] + 한강에서
　　　　　　　　　　　　　　 S　　　 V　　　 S　　　　 V

ⓒ **그래서**

> = So

• 아침에

> = in the morning

ⓒ **~ 할 때**

> = when

❶ 시간이 + 나다

= time permits
- '시간이 나다'라는 표현은 '시간이 되다' 혹은 '시간이 허락 하다'라는 의미로 바꾸어 생각할 수 있다. 특히 영어에서 많이 쓰는 표현인데, '시간이 나다'는 즉 'time permits' 라는 표현으로 많이 사용됨을 꼭 알아두자.

❷ 나는 + 조깅을 한다

= I go jogging
- 'go ~ing'는 '~하러 간다'라는 관용적인 표현이다. 따라서 '조깅을 한다'는 '조깅하러 간다'라는 표현으로 바꾸어 생 각할 수 있으며 위의 관용 표현을 바로 적용하면 'go jogging'으로 바꾸어 쓸 수 있다.

- 한강에서

= near the Han River
- near : ~ 근처에서

(어순 정리) **So in the morning, when time permits, I go jogging near the Han River.**

\# 문장을 더 줄여보자

부사의 의미를 가진 접속사(when)를 가진 문장을 구문 형태 로 바꿀 수 있다. 이때 먼저 주어를 판단해서 두 문장의 주 어가 같으면 접속사가 있는 문장의 주어를 생략하고 '동사 + ing' 혹은 '동사 + ed'형태로 바꾸어 주고, 주어가 다르면 주어는 둘 다 그대로 놔두고, 동사의 형태만 분사의 형태로 바꾸어 준다. 문장이 갖고 있는 '주어 + 동사'의 형태를 줄여 주기 위한 과정이다. 여기서는 주어 'time'과 'I'가 서로 다르 므로, 두 주어 모두 놔두고 앞의 동사만 'permits → per- mitting'으로 바꾸어 주면 된다.

So in the morning, time permitting, I go jogging near the Han River. [문장1개]

3. 나는 오늘도 아침 일찍 운동화를 신고, 신발 끈을 묶고 나갔다.

= 오늘도 + [나는] + [신었다] + 운동화를 + 그리고 + [나는] + [묶었다] + 신발 끈을
            S   V   S   V

+ 그리고 + [나는] + [나갔다] + 아침 일찍
           S   V

- 오늘도

> = Even today
> - even : ~조차도

❶ 나는 + 신었다

> = I put on

- 운동화를

> = my running shoes

ⓒ 그리고

> = and

❷ 나는 + 묶었다

> = I tied
> - tie - tied - tied : 묶다

- 신발 끈을

> = my laces

ⓒ 그리고

> = and

❸ 나는 + 나갔다

= I went out

- 아침 일찍

= early in the morning

(어순 정리) **Even today, I put on my running shoes (and I) tied my laces and (I) went out early in the morning.**

문장을 더 줄여보자

문장이 3개이나 동사가 반복되는 병렬 구조로 만들어 줄 수 있다.
= I put on, tied and went out~
'병렬 구조 : A, B, and C'

(어순 정리) **Even today, I put on my running shoes, tied my laces, and went out early in the morning.** [문장3개]

4. 한강을 따라 조깅을 하면서 경치도 구경했다.

= ~하면서 + [나는] + [조깅을 했다] + 한강을 따라 + [나는] + [구경했다] + 경치도
　　　　　　　S　　　　　V　　　　　　　　　　　S　　　　　V

ⓒ ~하면서

= While

**❶ 나는 +
조깅을 했다**

= I jogged

- 한강을 따라

= along the Han River

❷ 나는 + 구경했다

= I took

주의 '경치를 구경하다'라고 할 때 'take in the scenery'라는 관용적인 표현을 사용한다.

· 경치도

= in the scenery

· 'take in the scenery'라는 표현에서 고려하면 되고, '~도'라는 표현을 포함하고 있으므로 문장 속에 'also' 나 문장 끝에 'too'를 붙여준다.

어순정리 **While I jogged along the Han River, I also took in the scenery.**

\# 문장을 더 줄여보자

부사 의미의 접속사(while)이 들어간 문장은 주어와 동사를 변형시켜서 구문으로 바꿀 수 있다. 앞 문장의 주어 'I'와 뒷 문장의 주어 'I'는 중복이므로 앞 문장의 주어는 생략 가능하고, 동사 시제가 같은 과거형이므로 '동사원형 + ing'를 붙여준다.

While I jogged → While jogging

어순정리 **While jogging along the Han River, I also took in the scenery.** [문장1개]

5. 중간 중간 땀도 닦고 시원한 물을 마시고 사람들과 인사도 했다.

= [나는] + [닦았다] + 땀도 + 중간 중간 + 그리고 + [나는] + [마셨다] + 시원한 물을
    S   V   S   V
+ 그리고 + [나는] + [인사를 했다] + 사람들과
             S   V

❶ 나는 + 닦았다

= I wiped away
- wipe away : 물기를 닦다/먼지를 훔치다

- 땀도   = my sweat

- 중간 중간   = from time to time

ⓒ 그리고   = and

❷ 나는 + 마셨다

= I had sips of
- sip : 한 모금, 조금씩 마심

- 시원한 물을   = cool water

ⓒ 그리고   = and

**❸ 나는 +
인사를 했다**

= I said hello to
- say hello to : 안부 인사를 하다

- 사람들과   = others

I wiped away my sweat from time to time and I had sips of cool water and I said hello to others.

문장을 더 줄여보자

= 동사의 병렬구조로 본다.

= I wiped away~, had sips~, and I said hello~

I wiped away my sweat from time to time, had sips of cool water, and said hello to others. [문장3개]

046

5단계 미션클리어

※ 한글 문답을 보고 시간 내에 영어로 말해보기.(20초)

Korean ver.

5월 30일 일요일 선선함

나는 요즘 다이어트 중이다.

그래서 아침에 시간이 나면 한강에서 조깅을 한다.

나는 오늘도 아침 일찍 운동화를 신고, 신발 끈을 묶고 나갔다.

한강을 따라 조깅을 하면서 경치도 구경했다.

중간 중간 땀도 닦고 시원한 물을 마시고 사람들과 인사도 했다.

English ver.

Sunday, May 30th breezy

I'm on a diet these days.

So in the morning, time permitting, I go jogging near the Han River.

Even today, I put on my running shoes, tied my laces, and went out early in the morning.

While jogging along the Han River, I also took in the scenery.

I wiped away my sweat from time to time, had sips of cool water, and said hello to others.

오늘의
생활 영어 미션 24

오늘은 강의가 없어서 학교에 가지 않았다.

보통 집에서 시간이 날 때 스마트폰으로 인터넷 검색을 하곤 한다.

인터넷뉴스도 보고, 이메일도 확인하고, 유튜브도 본다.

저번 주에 넷플릭스 구독을 시작해서 영화도 골라서 봤다.

너무 재미있어서 시간 가는 줄 몰랐다.

※ 동사는 밑줄로 표시하기.

1. 오늘은 강의가 없어서 학교에 가지 않았다.   (2개)

2. 보통 집에서 시간이 날 때 스마트폰으로 인터넷 검색을 하곤 한다.   (2개)

3. 인터넷뉴스도 보고, 이메일도 확인하고, 유튜브도 본다.   (3개)

4. 저번 주에 넷플릭스 구독을 시작해서 영화도 골라서 봤다.   (3개)

5. 너무 재미있어서 시간 가는 줄 몰랐다.   (2개)

해답

1. 오늘은 강의가 <u>없어서</u> 학교에 <u>가지 않았다</u>.   (2개)
2. 보통 집에서 시간이 <u>날</u> 때 스마트 폰으로 인터넷 <u>검색</u>을 하곤 한다.   (2개)
3. 인터넷뉴스도 <u>보고</u>, 이메일도 <u>확인하고</u>, 유튜브도 <u>본다</u>.   (3개)
4. 저번 주에 넷플릭스 구독을 <u>시작해서</u> 영화도 <u>골라서</u> <u>봤다</u>.   (3개)
5. 너무 <u>재미있어서</u> 시간 가는 줄 <u>몰랐다</u>.   (2개)

※ 주어를 있는대로 찾아보기(숨어있는 주어 포함).

1. 오늘은 강의가 없어서 학교에 가지 않았다. (2개)

주어

2. 보통 집에서 시간이 날 때 스마트 폰으로 인터넷 검색을 하곤 한다. (2개)

주어

3. 인터넷뉴스도 보고, 이메일도 확인하고, 유튜브도 본다. (3개)

주어

4. 저번 주에 넷플릭스 구독을 시작해서 영화도 골라서 봤다. (3개)

주어

5. 너무 재미있어서 시간 가는 줄 몰랐다. (2개)

주어

해답

1. 오늘은 (강의가) 없어서 <나는> 학교에 가지 않았다. (2개)
2. 보통 집에서 <나는> 시간이 날 때 스마트 폰으로 <나는> 인터넷 검색을 하곤 한다. (2개)
3. <나는> 인터넷뉴스도 보고, <나는> 이메일도 확인하고, <나는> 유튜브도 본다. (3개)
4. <나는> 저번 주에 넷플릭스 구독을 시작해서 <나는> 영화도 골라서 <나는> 봤다. (3개)
5. <나는> 너무 재미있어서 <나는> 시간 가는 줄 몰랐다. (2개)

• 주어 : ( ), 숨은 주어 : < >

3단계 **문장 구조 파악하기**

※ 보기를 이용해 문장을 완성하고, 문장의 구조 파악하기.

1. 오늘은 강의가 없어서 학교에 가지 않았다.

= [   ] + [   ] + 오늘은 + 그래서 + [   ] + [   ] + 학교에
     S   V   S   V

2. 보통 집에서 시간이 날 때 스마트폰으로 인터넷 검색을 하곤 한다.

= 보통 + [   ] + [   ] + 인터넷 + ~할 때 + [   ] + [   ] + 시간이 + 집에서
            S   V   S   V

3. 인터넷뉴스도 보고, 이메일도 확인하고, 유튜브도 본다.

= [   ] + [   ] + 인터넷 뉴스도 + 그리고 + [   ] + [   ] + 이메일도 + 그리고 +
    S   V   S   V

[   ] + [   ] + 유튜브도
   S   V

4. 저번 주에 넷플릭스 구독을 시작해서 영화도 골라서 봤다.

= [   ] + [   ] + 넷플릭스 구독을 + 저번 주에 + 그래서 + [   ] + [   ] + 그리고
    S   V   S   V

+ [   ] + [   ] + 영화도
    S   V

5. 너무 재미있어서 시간 가는 줄 몰랐다.

= [   ] + [   ] + 너무 재미있어서 + 그리고 + [   ] + [   ]
    S   V   S   V

S   I / time / no class

V   had / read / didn't go to / watch / there was / have / got / surf / picked out /
check / flew by / watched

4단계 **문장 다듬기**

※ 어휘를 활용해서 문장 완성하기.

1. 오늘은 강의가 없어서 학교에 가지 않았다.

= [강의가] + [없다] + 오늘은 + 그래서 + [나는] + [가지 않았다] + 학교에
     S   V   S   S

❶ 강의가 + 없다

= There was no class
- '있다, 없다'의 의미는 'there is/are' 문장으로 표현한다.

  • 오늘은

= today

ⓒ 그래서

= so

❷ 나는 +
가지 않았다

= I didn't go

  • 학교에

= to school

어순 정리 **There was no class today, so I didn't go to school.**

[문장2개]

2. 보통 집에서 시간이 날 때 스마트폰으로 인터넷 검색을 하곤 한다.

= 보통 + [나는] + [검색을 한다] + 인터넷 + ~할 때 + [내가] + [나다] + 시간이 + 집에서
           S   V   S   V

• 보통	= Usually
❶ 나는 + 검색을 한다	= I surf • 보통 '인터넷을 검색하다'라는 표현을 할 때는 'surf the internet'이라는 표현을 사용하면 자연스럽다.
• 인터넷	= internet
ⓒ ~할 때	= when
❷ 내가 + ~이 나다	= I have • '시간이 나다'라는 표현은 '시간이 있다'로 표현할 수 있다.
• 시간이	= time
• 집에서	= at home

어순 정리 **Usually, I surf the internet when I have time at home.** [문장2개]

3. 인터넷뉴스도 보고, 이메일도 확인하고, 유튜브도 본다.

= [나는] + [읽는다] + 인터넷 뉴스도 + 그리고 + [나는] + [확인한다] + 이메일도 +
   S   V   S   V
그리고 + [나는] + [본다] + 유튜브도
        S   V

❶ 나는 + 읽는다	= I read
• 인터넷 뉴스도	= the news online

- '인터넷 상에서 뉴스를 읽는다/본다'라고 표현한다.
- online : 인터넷 상에서

ⓒ **그리고** = and

❷ **나는 + 확인한다** = I check
- 이메일도 = my email

ⓒ **그리고** = and

❸ **나는 + 본다** = I watch
- 유튜브도 = YouTube

어순 정리 I read the news online and I check my email and I watch YouTube.

\# 문장을 더 줄여보자 = 동사의 병렬구조로 본다.
= I read, check, and watch

어순 정리 I read the news online, check my email, and watch YouTube. [문장3개]

4. 저번 주에 넷플릭스 구독을 시작해서 영화도 골라서 봤다.

= [나는] + [했다] + 넷플릭스 구독을 + 저번 주에 + 그래서 + [나는] + [골랐다] + 그
   S   V   S   V
리고 + [나는] + [봤다] + 영화도
      S   V

❶ 나는 + ~했다

= I got

· 넷플릭스 구독을

= a Netflix subscription
  · subscription : 구독

· 저번 주에

= last week

Ⓒ 그래서

= so

❷ 나는 + 골랐다

= I picked out

Ⓒ 그리고

= and

❸ 나는 + 봤다

= I watched

· 영화도

= movies, too

(어순 정리) I got a Netflix subscription last week, so I picked out and I watched movies too.

문장을 더 줄여보자

> = 동사의 병렬구조로 본다.
>
> = I picked out and watched

어순 정리 I got a Netflix subscription last week, so I picked out and watched movies too. [문장3개]

5. 너무 재미있어서 시간 가는 줄 몰랐다.

= [나는] + [~있었다] + 너무 재미있어서 + 그리고 + [시간이] + [지나가 버렸다]
    S   V   S   V

❶ 나는 + ~있었다

- 너무 재미있어서

> = I had
>
> = so much fun
> - have fun : 즐거운 시간을 보내다

ⓒ 그리고

> = and

**❷ 시간이 +
지나가 버렸다**

> = time flew by
> - fly by : 날다, 비상하다, 순식간에 흘러가다

어순 정리 I had so much fun, and time flew by. [문장2개]

056

5단계 미션클리어

※ 한글 문답을 보고 시간 내에 영어로 말해보기.(20초)

Korean ver.

6월 7일 월요일 구름

오늘은 강의가 없어서 학교에 가지 않았다.

보통 집에서 시간 날 때 스마트폰으로 인터넷 검색을 하곤 한다.

인터넷뉴스도 보고, 이메일도 확인하고, 유튜브도 본다.

저번 주에 넷플릭스 구독을 시작해서 영화도 골라서 봤다.

너무 재미있어서 시간 가는 줄 몰랐다.

English ver.

Monday, June 7th cloudy

There was no class today, so I didn't go to school.

Usually, I surf the internet when I have time at home.

I read the news online, check my email, and watch YouTube.

I got a Netflix subscription last week, so I picked out and watched movies
too.

I had so much fun, and time flew by.

오늘의
생활 영어 미션 ㉕

오늘은 수업이 일찍 끝나 집에 일찍 왔다.

들어오자마자 TV를 먼저 틀고, 뉴스채널을 고정했다.

관심 있는 뉴스가 나오면 볼륨을 높여서 TV 보는데 집중한다.

좋아하는 드라마가 하면 본방사수를 하려고 하는 편이다.

내가 좋아하는 시리즈물은 중간에 끊을 수가 없다.

※ 동사는 밑줄로 표시하기.

1. 오늘은 수업이 일찍 끝나 집에 일찍 왔다.   (2개)

2. 들어오자마자 TV를 먼저 틀고, 뉴스채널을 고정했다.   (3개)

3. 관심 있는 뉴스가 나오면 볼륨을 높여서 TV 보는데 집중한다.   (3개)

4. 좋아하는 드라마가 하면 본방사수를 하려고 하는 편이다.   (3개)

5. 내가 좋아하는 시리즈물은 중간에 끊을 수가 없다.   (2개)

해답

1. 오늘은 수업이 일찍 <u>끝나</u> 집에 일찍 <u>왔다</u>.   (2개)
2. 들어오자마자 TV를 먼저 <u>틀고</u>, 뉴스채널을 <u>고정했다</u>.   (3개)
3. 관심 <u>있는</u> 뉴스가 <u>나오면</u> 볼륨을 높여서 TV 보는데 <u>집중한다</u>.   (3개)
4. <u>좋아하는</u> 드라마가 <u>하면</u> 본방사수를 <u>하려고</u> 하는 편이다.   (3개)
5. 내가 <u>좋아하는</u> 시리즈물은 중간에 <u>끊을</u> 수가 없다.   (2개)

2단계 주어 찾기

※ 주어를 있는대로 찾아보기(숨어있는 주어 포함).

1. 오늘은 수업이 일찍 끝나 집에 일찍 왔다.   (2개)

`주어`

2. 들어오자마자 TV를 먼저 틀고, 뉴스채널을 고정했다.   (3개)

`주어`

3. 관심 있는 뉴스가 나오면 볼륨을 높여서 TV 보는데 집중한다.   (3개)

`주어`

4. 좋아하는 드라마가 하면 본방사수를 하려고 하는 편이다.   (3개)

`주어`

5. 내가 좋아하는 시리즈물은 중간에 끊을 수가 없다.   (2개)

`주어`

해답

1. 오늘은 (수업이) 일찍 끝나 \<나는\> 집에 일찍 왔다.   (2개)
2. \<나는\> 들어오자마자 \<나는\> TV를 먼저 틀고, \<나는\> 뉴스채널을 고정했다.   (3개)
3. 관심 있는 (뉴스가) 나오면 \<나는\> 볼륨을 높여서 \<나는\> TV 보는데 집중한다.   (3개)
4. \<내가\> 좋아하는 (드라마가) 하면 \<나는\> 본방사수를 하려고 하는 편이다.   (3개)
5. (내가) 좋아하는 시리즈물은 \<내가\> 중간에 끊을 수가 없다.   (2개)

• 주어 : ( ), 숨은 주어 : \< \>

※ 보기를 이용해 문장을 완성하고, 문장의 구조 파악하기.

1. 오늘은 수업이 일찍 끝나 집에 일찍 왔다.

= [   ] + [   ] + 일찍 + 오늘은 + 그래서 + [   ] + [   ] + 집에 + 일찍
  S   V   S   V

2. 들어오자마자 TV를 먼저 틀고, 뉴스채널을 고정했다.

= ~하자마자 + [   ] + [   ] + [   ] + [   ] + TV를 + 그리고 + [   ] + [   ]
             S   V   S   V   S   V
+ 뉴스채널을

3. 나는 관심 있는 뉴스가 나오면 볼륨을 높여서 TV 보는데 집중한다.

= ~할 때 + [   ] + [   ] + 나를 + [   ] + [   ] + 볼륨을 + 그리고 + [   ] +
           S   V   S   V   S
[   ] + TV 보는 데
   V

4. 좋아하는 드라마가 하면 본방사수를 하려고 하는 편이다.

= [   ] + [   ] + 드라마 + ~하는 + [   ] + [   ] + ~할 때 + [   ] + [   ]
  S   V   S   V   S   V

5. 내가 좋아하는 시리즈물은 중간에 끊을 수가 없다.

= 시리즈물은 + ~하는 + [   ] + [   ] + [   ] + [   ] + 중간에
                       S   V   S   V

S   I / something on the news / Class

V   like / came inside / interests / air / ended / usually try not to miss / can't stop
watching / focus on / arrived / turned on / raise / stay tuned

4단계 │ 문장 다듬기

※ 어휘를 활용해서 문장 완성하기.

1. 오늘은 수업이 일찍 끝나 집에 일찍 왔다.

= [수업이] + [끝났다] + 일찍 + 오늘은 + 그래서 + [나는] + [도착했다] + 집에 + 일찍
     S   V   S   V

❶ 수업이 + 끝났다   = Class ended

- 일찍   = early

- 오늘은   = today

ⓒ 그래서   = so

❷ 나는 + 도착했다   = I arrived

- 집에   = home

- 일찍   = early

어순 정리   Class ended early today, so I arrived home early.

[문장2개]

062

2. 들어오자마자 TV를 먼저 틀고, 뉴스채널을 고정했다.

= ~하자마자 + [나는] + [들어왔다] + [나는] + [틀었다] + TV를 + 그리고 + [나는] +
              S   V   S   V   S

[고정했다] + 뉴스채널을
   V

ⓒ **~ 하자마자**	= As soon as • 접속사로서 주로 동사 과거형과 함께 쓰인다.
❶ **나는 + 들어왔다**	= I came inside • come inside : ~안에
❷ **나는 + 틀었다**	= I turned on • turn on : 가전 제품이나 기계등을 켜다
• TV를	= the TV
ⓒ **그리고**	= and
❸ **나는 + 고정했다**	= I stay tuned • tune : (명사) 조율, 곡조 (동사) 조율하다 • stay tuned : 조율한 채로 머물다, 고정하다
• 뉴스채널을	= for the news channel

어순 정리 **As soon as I came inside, I turned on the TV and stay tuned for the news channel.** [문장3개]

3. 나는 관심 있는 뉴스가 나오면 볼륨을 높여서 TV 보는 데 집중한다.

= ~할 때 + [뉴스가] + [관심을 끌다] + 나를 + [나는] + [높이다] + 볼륨을 + 그리고
                S   V   S   V

+ [나는] + [집중한다] + TV 보는 데
   S   V

ⓒ ~할 때

> = When

❶ 뉴스가 + 관심을 끌다

> = something on the news interests
> - '어떤 뉴스가 나를 흥미롭게 했다'라고 표현하면 훨씬 자연스러워 진다. (영어식 표현)

- 나를

> = me

❷ 나는 + 높이다

> = I raise
> - raise the volume : 볼륨을 높이다
> - lower the volume : 볼륨을 낮추다

- 볼륨을

> = the volume

ⓒ 그리고

> = and

❸ 나는 + 집중한다

> = I focus on
> - 'focus on : 집중하다' 주로 'on'까지 써준다.

- TV 보는 데

> = watching the TV
> - '~하는 데에'라는 표현도 동사를 가진 문장이라기보다는

구문의 형식이다. 따라서 '~ing'형식을 따라주는 것이 좋다.

어순 정리 **When something on the news interests me, I raise the volume and focus on watching the TV.** [문장3개]

4. 좋아하는 드라마가 하면 본방사수를 하려고 하는 편이다.

= [나는] + [본방사수 하려고 하는 편이다] + 드라마 + ~하는 + [내가] + [좋아하다]
   S   V   S   V

+ ~할 때 + [드라마가] + [방송하다]
           S   V

❶ 나는+본방사수를 하려고 하는 편이다

= I usually try not to miss
- ~하는 편이다 : 'tend to' 혹은 'usually + 동사'를 붙여준다.
- try : ~하려고 하다
- '본방사수하다'는 다른 의미로 '방송을 놓치지 않는다'라고 'not to miss'로 바꾸어 쓸 수 있다.

- 드라마

= shows

ⓒ ~하는

= that
- 앞의 단어를 수식해주는 문장을 이끄는 형용사 관계 접속 사이다.

❷ 내가 + 좋아하다

= I like

ⓒ ~할 때

= When

❸ 드라마가 +
방송하다

> = they air
> - 'they'는 앞의 'shows'를 받아주는 대명사이고, '방송을 하
>   다, 전파를 타다'라는 표현은 'air'라고 주로 한다.

(어순 정리) **I usually try not to miss shows that I like when they
air.** [문장3개]

5. 내가 좋아하는 시리즈물은 중간에 끊을 수가 없다.

= 시리즈물은 + ~하는 + [내가] + [좋아하다] + [나는] + [끊을 수가 없다] + 중간에
　　　　　　　S　　　　 V　　　　 S　　　　　 V

- 시리즈물은

> = For a series
> - 시리즈물에 관한 한

ⓒ ~하는

> = that

❶ 내가 + 좋아하다

> = I like

❷ 나는 +
끊을 수가 없다

> = I can't stop watching
> - '이미 ~하는 것을 멈추다'라고 할 때는 'stop ~ing' 형태를 취
>   한다.

- 중간에

> = in the middle

(어순 정리) **For a series that I like, I can't stop watching in the
middle.** [문장2개]

미션클리어

※ 한글 문답을 보고 시간 내에 영어로 말해보기.(20초)

Korean ver.

6월 18일 금요일 따뜻함

오늘은 수업이 일찍 끝나 집에 일찍 왔다.

들어오자마자 TV를 먼저 틀고, 뉴스채널을 고정했다.

관심 있는 뉴스가 나오면 볼륨을 높여서 TV 보는데 집중한다.

좋아하는 드라마가 하면 본방사수를 하려고 하는 편이다.

내가 좋아하는 시리즈물은 중간에 끊을 수가 없다.

English ver.

Friday, June 18th warm

Class ended early today, so I arrived home early.

As soon as I came inside, I turned on the TV and stay tuned for the news channel.

When something on the news interests me, I raise the volume and focus on watching the TV.

I usually try not to miss shows that I like when they air.

For a series that I like, I can't stop watching in the middle.

오늘의
생활 영어 미션 ㉖

6월 24일 목요일 비

오늘은 쇼핑하는 날이다.

다행이 마음에 드는 옷을 찾아서 피팅룸에서 입어봤다.

조금 큰 거 같아 다른 사이즈로 바꾼 후 내 신용 카드로 샀다.

할인기간이라 좀 싸게 살 수 있었다.

상품에 이상이 있으면, 환불해도 된다고 했다.

※ 동사는 밑줄로 표시하기.

1. 오늘은 쇼핑하는 날이다.   (1개)

2. 다행이 마음에 드는 옷을 찾아서 피팅룸에서 입어봤다.   (3개)

3. 조금 큰 거 같아 다른 사이즈로 바꾼 후 내 신용 카드로 샀다.   (3개)

4. 할인기간이라 좀 싸게 살 수 있었다.   (2개)

5. 상품에 이상이 있으면, 환불해도 된다고 했다.   (3개)

해답

1. 오늘은 쇼핑하는 날<u>이다</u>.   (1개)

2. 다행이 마음에 <u>드는</u> 옷을 <u>찾아서</u> 피팅룸에서 <u>입어봤다</u>.   (3개)

3. 조금 <u>큰</u> <u>거 같아</u> 다른 사이즈로 바꾼 후 내 신용 카드로 <u>샀다</u>.   (3개)

4. 할인기간이라 좀 싸게 <u>살</u> 수 <u>있었다</u>.   (2개)

5. 상품에 이상이 <u>있으면</u>, <u>환불해도</u> 된다고 <u>했다</u>.   (3개)

2단계 주어 찾기

※ 주어를 있는대로 찾아보기(숨어있는 주어 포함).

1. 오늘은 쇼핑하는 날이다. (1개)

주어

2. 다행이 마음에 드는 옷을 찾아서 피팅룸에서 입어봤다. (3개)

주어

3. 조금 큰 거 같아 다른 사이즈로 바꾼 후 내 신용 카드로 샀다. (3개)

주어

4. 할인기간이라 좀 싸게 살 수 있었다. (2개)

주어

5. 상품에 이상이 있으면, 환불해도 된다고 했다. (3개)

주어

해답

1. (오늘은) 쇼핑하는 날이다. (1개)
2. 다행이 <내가> 마음에 드는 <내가> 옷을 찾아서 <나는> 피팅룸에서 입어봤다. (3개)
3. <가주어> 조금 큰 거 같아 <나는> 다른 사이즈로 바꾼 후 <나는> 내 신용 카드로 샀다. (3개)
4. <가주어> 할인기간이라 <나는> 좀 싸게 살 수 있었다. (2개)
5. 상품에 (이상이) 있으면, <내가> 환불해도 된다고 <그들이> 했다. (3개)

* 주어 : ( ), 숨은 주어 : < >

3단계 문장 구조 파악하기

※ 보기를 이용해 문장을 완성하고, 문장의 구조 파악하기.

1. 오늘은 쇼핑하는 날이다.

= [   ] + [   ] + 쇼핑하는 날
    S   V

2. 다행이 마음에 드는 옷을 찾아서 피팅룸에서 입어봤다.

= 다행이 + [   ] + [   ] + 옷을 + ~한 + [   ] + [   ] + 그래서 + [   ] +
                S   V   S   V   S

[   ] + 옷을 + 피팅룸에서
  V

3. 조금 큰 거 같아 다른 사이즈로 바꾼 후 내 신용 카드로 샀다.

= [   ] + [   ] + 조금 큰 + 그래서 + ~한 후에 + [   ] + [   ] + 그 옷을 + 다른 사
    S   V   S   V

이즈로 + [   ] + [   ] + 그 옷을 + 내 신용 카드로
           S   V

4. 할인기간이라 좀 싸게 살 수 있었다.

= [   ] + [   ] + 할인기간 + 그래서 + [   ] + [   ] + 그 옷을 + 좀 싸게
    S   V   S   V

5. 상품에 이상이 있으면, 환불해도 된다고 했다.

= [   ] + [   ] + 나에게 + ~를 + [   ] + [   ] + 환불을 + 만약 + [   ] +
    S   V   S   V   S

[   ] + 상품에
  V

<u>S</u>   I / It / they / Today / something wrong

<u>V</u>   looked / told / tried / is / was / paid for / was able to buy / could get / found / liked / there was / traded

4단계 문장 다듬기

※ 어휘를 활용해서 문장 완성하기.

1. 오늘은 쇼핑하는 날이다.

= [오늘은] + [~이다] + 쇼핑하는 날
  S   V

❶ 오늘은 ~이다

= Today is
= shopping day

· 쇼핑하는 날

어순 정리   **Today is shopping day.** [문장1개]

2. 다행이 마음에 드는 옷을 찾아서 피팅룸에서 입어봤다.

= 다행이 + [나는] + [찾았다] + 옷을 + ~한 + [내가] + [좋아했다] + 그래서 + [나는]
         S   V   S   V   S
+ [입어봤다] + 옷을 + 피팅룸에서
    V

· 다행이

= Luckily

❶ 나는 + 찾았다

= I found
= something
· 여기서 'something'이라고 한 이유는 단순히 '어떤 옷'을 축약해서 표현했음을 유의한다.

· 옷을

072

ⓒ ~한	= that • 앞의 단어를 수식해주는 문장을 이끄는 형용사 관계 접속사이다.
❷ 내가 + 좋아했다	= I liked
ⓒ 그래서	= so
❸ 나는 + 입어봤다	= I tried on • '옷을 입어보다'라는 표현을 사용할 때는 'try on'을 사용한다.
• 옷을	= it • 'something'을 대신 해주는 대명사라고 본다. 주의 'try on it'이라고 해야 하나, 부사를 수반하는 동사에서 그 목적어가 대명사가 올 때는 '동사 + 대명사 + 부사'의 순으로 대명사를 중간에 넣어주는 것이 원칙이다 = 'try it on'
• 피팅룸에서	= in the fitting room

어순 정리 **Luckily, I found something that I liked, so I tried it on in the fitting room.** [문장3개]

3. 조금 큰 거 같아 다른 사이즈로 바꾼 후 내 신용 카드로 샀다.

= [가주어] + [~같다] + 조금 큰 + 그래서 + ~한 후에 + [내가] + [바꿨다] + 그 옷을
    S   V   S   V
+ 다른 사이즈로 + [나는] + [지불했다] + 그 옷을 + 내 신용 카드로
                  S   V

❶ 가주어 + ~같다

= It looked
- '~인 것 같다 = ~처럼 보인다'라고 해석할 수 있다.
- 따라서 'look : ~처럼 보인다'라고 표현하면 된다.

- 조금 큰

= a little big
- 옷 사이즈이므로 'big' 혹은 'small'이라고 표현한다.

ⓒ 그래서

= so

ⓒ ~한 후에

= after

❷ 내가 + 바꿨다

= I traded
- trade : 서로 맞교환하다

- 그 옷을

= it

- 다른 사이즈로

= a smaller size
- 너무 커서 다른 사이즈로 바꾼 것이므로 다른 의미로는 '좀 더 작은 사이즈'라고 표현한다.

❸ 나는 + 지불했다

= I paid for

· 그 옷을	· '지불하다'라고 할 때는 보통 'pay for'을 사용한다. = it
· 내 신용 카드로	= with my credit card

어순 정리 **It looked a little big, so after trading it for a smaller size, I paid for it with my credit card.** [문장2개]

4. 할인기간이라 좀 싸게 살 수 있었다.

= [가주어] + [~이었다] + 할인기간 + 그래서 + [나는] + [살 수 있었다] + 그 옷을 +
  S   V   S   V
좀 싸게

❶ 가주어 + ~이었다	= It was
· 할인기간	= sales season
❻ 그래서	= so
❷ 나는 + 살 수 있었다	= I was able to buy · '할 수 있다'라는 의미로 'be able to'를 사용한다.
· 그 옷을	= it
· 좀 싸게	= for a cheaper price

어순 정리 **It was sales season, so I was able to buy it for a cheaper price.** [문장2개]

5. 상품에 이상이 있으면, 환불해도 된다고 했다.

= [그들은] + [말했다] + 나에게 + ~를 + [내가] + [할 수 있다] + 환불을 + 만약 + [이상
   S   V   S   V   S
이] + [있었다] + 상품에
      V

❶ 그들은 + 말했다

= they told

- 나에게

= me

- ~를

= that
- 뒤의 문장을 목적어처럼 이끄는 명사절 관계 접속사이다.

**❷ 내가 +
할 수 있다**

= I could get
- get a refund : 환불하다

- 환불을

= a refund

ⓒ 만약

= If
- 가정법을 이끄는 접속사이다.

❸ 이상이 + 있었다

= there was something wrong
- 보통 '~thing'으로 끝나는 단어는 형용사가 뒤에서 수식한
  다. something wrong : 이상이 있는 것

- 상품에

= with the product

어순 정리 **They told me I could get a refund, if there was
something wrong with the product.** [문장3개]

※ 한글 문답을 보고 시간 내에 영어로 말해보기.(20초)

Korean ver.

6월 24일 목요일 비

오늘은 쇼핑하는 날이다.

다행이 마음에 드는 옷을 찾아서 피팅룸에서 입어봤다.

조금 큰 거 같아 다른 사이즈로 바꾼 후 내 신용 카드로 샀다.

할인기간이라 좀 싸게 살 수 있었다.

상품에 이상이 있으면, 환불해도 된다고 했다.

English ver.

Thursday, June 24th rainy

Today is shopping day.

Luckily, I found something that I liked, so I tried it on in the fitting room.

It looked a little big, so after trading it for a smaller size, I paid for it with my credit card.

It was sales season, so I was able to buy it for a cheaper price.

They told me I could get a refund, if there was something wrong with the product.

오늘의
생활 영어 미션 ㉗

6월 30일 수요일 폭풍

장마철이라 비가 계속 온다.

요즈음에 신을 장화를 온라인으로 쇼핑하기로 했다.

우선 웹사이트에 접속하고 회원가입을 했다.

예전에 매장에서 마음에 드는 것을 봐 둔 것이 있어 검색해 봤다.

배송지를 입력하고 결제만 하면 되었다.

※ 동사는 밑줄로 표시하기.

1. 장마철이라 비가 계속 온다. (2개)

2. 요즈음에 신을 장화를 온라인으로 쇼핑하기로 했다. (1개)

3. 우선 웹사이트에 접속하고 회원가입을 했다. (2개)

4. 예전에 매장에서 마음에 드는 것을 봐 둔 것이 있어 검색해 봤다. (3개)

5. 배송지를 입력하고 결제만 하면 되었다. (2개)

해답

1. 장마철이라 비가 계속 <u>온다</u>. (2개)
2. 요즈음에 신을 장화를 온라인으로 <u>쇼핑하기로 했다</u>. (1개)
3. 우선 웹사이트에 <u>접속하고</u> <u>회원가입을 했다</u>. (2개)
4. 예전에 매장에서 <u>마음에 드는</u> 것을 <u>봐 둔</u> 것이 있어 <u>검색해 봤다</u>. (3개)
5. 배송지를 <u>입력하고</u> <u>결제만 하면</u> 되었다. (2개)

※ 주어를 있는대로 찾아보기(숨어있는 주어 포함).

1. 장마철이라 비가 계속 온다. (2개)

주어

2. 요즈음에 신을 장화를 온라인으로 쇼핑하기로 했다. (1개)

주어

3. 우선 웹사이트에 접속하고 회원가입을 했다. (2개)

주어

4. 예전에 매장에서 마음에 드는 것을 봐 둔 것이 있어 검색해 봤다. (3개)

주어

5. 배송지를 입력하고 결제만 하면 되었다. (2개)

주어

해답
1. <가주어> 장마철이라 <가주어> 비가 계속 온다. (2개)
2. <나는> 요즈음에 신을 장화를 온라인으로 쇼핑하기로 했다. (1개)
3. <나는> 우선 웹사이트에 접속하고 <나는> 회원가입을 했다. (2개)
4. <나는> 예전에 매장에서 마음에 드는 것을 <내가> 봐 둔 것이 있어 <나는> 검색해 봤다.
(3개)
5. <나는> 배송지를 입력하고 <나는> 결제만 하면 되었다. (2개)

* 주어 : ( ), 숨은 주어 : < >

※ 보기를 이용해 문장을 완성하고, 문장의 구조 파악하기.

1. 장마철이라 비가 계속 온다.

= [   ] + [   ] + 왜냐하면 + [   ] + [   ] + 장마철이라
    S   V   S   V

2. 요즈음에 신을 장화를 온라인으로 쇼핑하기로 했다.

= [   ] + [   ] + 온라인으로 쇼핑 + 장화를 + 신을 + 요즈음에
    S   V

3. 우선 웹사이트에 접속하고 회원가입을 했다.

= 우선 + [   ] + [   ] + 웹사이트에 + 그리고 + [   ] + [   ] + 회원 가입을
        S   V   S   V

4. 예전에 매장에서 마음에 드는 것을 봐 둔 것이 있어 검색해 봤다.

= [   ] + [   ] + 것 + ~을 + [   ] + [   ] + 매장에서 + 예전에 + 그래서 +
    S   V   S   V

[   ] + [   ] + 그것을
   S   V

5. 배송지를 입력하고 결제만 하면 되었다.

= [   ] + [   ] + 배송지를 + 그리고 + [   ] + [   ]
    S   V   S   V

S   I / It

V   only had to enter / searched for / keeps raining / is / visited / liked / decided to do / registered / had seen / only had to purchase

4단계   문장 다듬기

※ 어휘를 활용해서 문장 완성하기.

1. 장마철이라 비가 계속 온다.

= [가주어] + [비가 계속 온다] + 왜냐하면 + [가주어] + [~이다] + 장마철이라
　　 S 　　　　　 V 　　　　　　　　　　　 S 　　　 V

❶ **가주어 +**
비가 계속 온다

> = It keeps raining
> · 'keep'동사는 '계속 ~을 유지하다'라는 의미를 가진다. 뒤
>   에 동사가 올 때는 'keep + ~ing'로 쓴다.

ⓒ **왜냐하면**

> = because

❷ **가주어 + ~이다**

> = it is

· 장마철

> = monsoon season

(어순 정리) **It keeps raining because it's monsoon season.** [문장2개]

2. 요즈음에 신을 장화를 온라인으로 쇼핑하기로 했다.

= [나는] + [~하기로 했다] + 온라인으로 쇼핑 + 장화를 + 신을 + 요즈음에
　 S 　　　　 V

❶ **나는 +**
~하기로 했다

> = I decided to do
> · '~하기로 했다'라는 표현은 'decided to~'라고 반드시 알
>   아두자.

- 온라인으로 쇼핑 · = some online shopping

- 장화를 · = for rain boots
  - 'shopping for + 상품'은 '상품을 사기 위한 쇼핑'이라고 표현하며, 'for'을 사용한다.

- 신을 · = to wear
  - 동사를 이용해서 형용사처럼 단어 수식에 사용하려면 보통은 'to 부정사'를 이용한다.

- 요즈음에 · = these days

어순 정리 **I decided to do some online shopping for rain boots to wear these days.** [문장1개]

3. 우선 웹사이트에 접속하고 회원가입을 했다.

= 우선 + [나는] + [접속했다] + 웹사이트에 + 그리고 + [나는] + [등록했다] + 회원
          S   V   S   V
가입을

- 우선 · = First

❶ **나는 + 접속했다** · = I visited
  - '보통 웹사이트에 접속하다' 혹은 '로그인하다'라는 의미로 받아들이기 쉬우나, 뒤에 나오는 문장으로 보아 아직 회원가입을 하지 않은 상태로 단순히 '웹사이트를 방문하다'라는 의미로 보는 것이 맞으므로, 이럴 때는 단순히 'visit'란 단어로 사용하는 것이 적당하다.

- 웹사이트에   = the website

ⓒ 그리고   = and

❷ 나는 + 등록했다 = I registered
- 앞의 문장 주어 'I'가 반복이므로 생략한다.

- 회원가입을   = as a member
  - '회원가입을 등록했다 = 회원으로서 등록했다'와 같은 표현이다.
  - as : ~ 로서

(어순 정리) First, I visited the website and registered as a member. [문장2개]

4. 예전에 매장에서 마음에 드는 것을 봐 둔 것이 있어 검색해 봤다.

= [나는] + [봐두었다] + 것 + ~을 + [내가] + [마음에 들었다] + 매장에서 + 예전에
    S   V   S   V

  + 그래서 + [나는] + [검색해 봤다] + 그것을
              S   V

❶ 나는 + 봐두었다 = I had seen
- 이미 과거 전부터 보아왔기 때문에 과거 완료 시제를 사용한다.

- 것   = something

- ~을

= that
- 앞의 단어를 수식해주는 문장을 이끄는 형용사 관계 접속 사이다. 문장에서는 생략 가능하다.

❷ **내가 +**
마음에 들었다

= I liked

- 매장에서

= in the shop

- 예전에

= last time

© **그래서**

= so

❸ **나는 +**
검색해 봤다

= I searched for
- search for : 찾다, 검색하다

- 그것을

= it

어순 정리 **I had seen something I liked in the shop last time, so I searched for it.** [문장3개]

5. 배송지를 입력하고 결제만 하면 되었다.

= [나는] + [입력만 하면 되었다] + 배송지를 + 그리고 + [나는] + [결제만 하면 되었다]
     S   V   S   V

❶ **나는 + 입력만**
하면 되었다

= I only had to enter
- only have to : ~하기만 하면 된다

- 배송지를

- 'enter + 장소' : 장소에 들어가다
- 'enter + 숫자/주소' : 숫자나 주소를 기입하다

= my shipping address
- 반드시 선박을 이용 할 때만이 아니라 어떠한 운송 수단을 사용해서 옮길 때도 'shipping'이라는 단어를 사용한다.

ⓒ 그리고

= and

❷ 나는 + 결제만 하면 되었다

= I only had to purchase
- 앞의 문장의 구문과 겹치므로 뒤에 나온 구문 'only had to'는 문장 구성 시 생략한다.

어순 정리 I only had to enter my shipping address and pur-chase. [문장2개]

5단계 미션클리어

※ 한글 문답을 보고 시간 내에 영어로 말해보기.(20초)

Korean ver.

6월 30일 수요일 폭풍

장마철이라 비가 계속 온다.

요즈음에 신을 장화를 온라인으로 쇼핑하기로 했다.

우선 웹사이트에 접속하고 회원가입을 했다.

예전에 매장에서 마음에 드는 것을 봐 둔 것이 있어 검색해 봤다.

배송지를 입력하고 결제만 하면 되었다.

English ver.

Wednesday, June 30th stormy

It keeps raining because it's monsoon season.

I decided to do some online shopping for rain boots to wear these days.

First, I visited the website and registered as a member.

I had seen something I liked in the shop last time, so I searched for it.

I only had to enter my shipping address and purchase.

오늘의
생활 영어 미션 ㉘

7월 3일 토요일 맑음

오늘은 엄마와 함께 장을 보러 갔다.

엄마는 장을 보기 전에 쇼핑 리스트를 작성하셨다.

과소비를 막기 위해서라고 하셨다.

우린 쇼핑 카트를 끌고, 과일과 채소를 비닐에 담은 후 무게를 쟀다.

엄마 덕분에 많은 돈을 아낀 것 같았다.

1단계 동사 찾기

※ 동사는 밑줄로 표시하기.

1. 오늘은 엄마와 함께 장을 보러 갔다.   (1개)

2. 엄마는 장을 보기 전에 쇼핑 리스트를 작성하셨다.   (2개)

3. 과소비를 막기 위해서라고 하셨다.   (2개)

4. 우린 쇼핑 카트를 끌고, 과일과 채소를 비닐에 담은 후 무게를 쟀다.   (3개)

5. 엄마 덕분에 많은 돈을 아낀 것 같았다.   (2개)

해답

1. 오늘은 엄마와 함께 장을 <u>보러</u> <u>갔다</u>.   (1개)
2. 엄마는 장을 <u>보기</u> 전에 쇼핑 리스트를 <u>작성하셨다</u>.   (2개)
3. 과소비를 <u>막기</u> 위해서 라고 <u>하셨다</u>.   (2개)
4. 우린 쇼핑 카트를 <u>끌고</u>, 과일과 채소를 비닐에 <u>담은</u> 후 무게를 <u>쟀다</u>. (3개)
5. 엄마 덕분에 많은 돈을 <u>아낀</u> 것 <u>같았다</u>.   (2개)

※ 주어를 있는대로 찾아보기(숨어있는 주어 포함).

1. 오늘은 엄마와 함께 <u>장을</u> <u>보러</u> <u>갔다.</u>　　　　　　　　　　　　　(1개)

주어

2. 엄마는 장을 <u>보기</u> 전에 쇼핑 리스트를 <u>작성하셨다.</u>　　　　　　　(2개)

주어

3. 과소비를 <u>막기</u> <u>위해서</u>라고 <u>하셨다.</u>　　　　　　　　　　　　　(2개)

주어

4. 우린 쇼핑 카트를 <u>끌고,</u> 과일과 채소를 비닐에 <u>담은</u> 후 무게를 <u>쟀다.</u>　(3개)

주어

5. 엄마 덕분에 많은 돈을 <u>아낀</u> 것 <u>같았다.</u>　　　　　　　　　　　　(2개)

주어

해답

1. <나는> 오늘은 엄마와 함께 <u>장을</u> <u>보러</u> <u>갔다.</u>　　　　　　　　　　(1개)
2. (엄마는) 장을 <u>보기</u> 전에 (엄마는) 쇼핑 리스트를 <u>작성하셨다.</u>　　　(2개)
3. <가주어> 과소비를 <u>막기</u> <u>위해서</u> 라고 <엄마는> <u>하셨다.</u>　　　(2개)
4. (우린) 쇼핑 카트를 <u>끌고,</u> <우리는> 과일과 채소를 비닐에 <u>담은</u> 후 <우리는> 무게를 <u>쟀다.</u>
　　　　　　　　　　　　　　　　　　　　　　　　　　　　　　　　(3개)
5. 엄마 덕분에 <나는> 많은 돈을 <u>아낀</u> 것 <나는> <u>같았다.</u>　　　　　(2개)

* 주어 : (　), 숨은 주어 : <　>

3단계 문장 구조 파악하기

※ 보기를 이용해 문장을 완성하고, 문장의 구조 파악하기.

1. 오늘은 엄마와 함께 장을 보러 갔다.

= [   ] + [   ] + 엄마와 함께 + 오늘은
    S   V

2. 엄마는 장을 보기 전에 쇼핑 리스트를 작성하셨다.

= [   ] + [   ] + 쇼핑 리스트를 + ~전에 + [   ] + [   ]
    S   V   S   V

3. 과소비를 막기 위해서라고 하셨다.

= [   ] + [   ] + ~라고 + [   ] + [   ] + 과소비를
    S   V   S   V

4. 우린 쇼핑 카트를 끌고, 과일과 채소를 비닐에 담은 후 무게를 쟀다.

= [   ] + [   ] + 쇼핑 카트를 + 그리고 + [   ] + [   ] + 과일과 채소를 + ~한 후
    S   V   S   V
에 + [   ] + [   ] + 과일과 채소를 + 비닐에
       S   V

5. 엄마 덕분에 많은 돈을 아낀 것 같았다.

= 엄마 덕분에 + [   ] + [   ] + ~인 것 + [   ] + [   ] + 많은 돈을
                 S   V   S   V

S   I / We / My mom / She / it

V   feel like / weighed / made / said / went grocery shopping / took / saved / was to prevent / went out for shopping / put

4단계 문장 다듬기

※ 어휘를 활용해서 문장 완성하기.

1. 오늘은 엄마와 함께 장을 보러 갔다.

= [나는] + [장을 보러 갔다] + 엄마와 함께 + 오늘은
   S   V

❶ 나는 +
   장을 보러 갔다

= I went grocery shopping
- go ~ing : ~하러 가다

- 엄마와 함께

= with my mom

- 오늘은

= today

어순 정리 **I went grocery shopping with my mom today.** [문장1개]

2. 엄마는 장을 보기 전에 쇼핑 리스트를 작성하셨다.

= [엄마는] + [작성했다] + 쇼핑 리스트를 + ~전에 + [엄마는] + [장을 보러 갔다]
   S   V   S   V

❶ 엄마는 +
   작성하셨다

= My mom made
- 'make a list : 리스트를 작성하다'라고 표현한다.

- 쇼핑 리스트를

= a shopping list

ⓒ ~전에

= before

092

❷ 엄마는 +
장을 보러 갔다

= my mom went out for shopping

(어순 정리) **My mom made a shopping list before my mom went out for shopping.**

문장을 더 줄여보자

부사 의미의 접속사(before)가 들어간 문장은 주어와 동사를 변형시켜서 구문으로 바꿀 수 있다. 앞 문장의 주어 'my mom'과 뒷 문장의 주어 'my mom'이 중복이므로 뒤 문장의 주어는 생략 가능하고, 동사 시제가 같은 과거형이므로 '동사원형 + ing'를 붙여준다.

before my mom went out → before going out

뒤에 'for shopping' 또한 의미상 앞 문장과 중복이므로 생략해서 사용한다.

(어순 정리) **My mom made a shopping list before going out.**
   [문장1개]

3. 과소비를 막기 위해서라고 하셨다.

= [그녀는] + [말했다] + ~라고 + [가주어] + [막기 위해서 였다] + 과소비를
    S   V   S   V

❶ 그녀는 + 말했다

· ~라고

= She said

= that

· 앞의 'say'라는 동사의 목적어 역할로 명사의 의미를 나타내는 문장을 이끄는 명사절 관계 접속사이다. 문장에서는

❷ 가주어 +
막기 위해서 였다

> 생략 가능하다.
>
> = it was to prevent
> - prevent : 막다, 방지하다, 예방하다
> - 동사를 보어의 의미로 사용하기 위해 동사 앞에 'to'를 붙여줘서 'to 부정사'처럼 사용한다.

- 과소비를

> = overspending
> - overspending : (명사) 낭비, 탕진

어순 정리 **She said it was to prevent overspending.** [문장2개]

4. 우린 쇼핑 카트를 끌고, 과일과 채소를 비닐에 담은 후 무게를 쟀다.

= [우리는] + [끌었다] + 쇼핑 카트를 + 그리고 + [우리는] + [무게를 쟀다] + 과일과
　　S　　　　V　　　　　　　　　　　　　　　　S　　　　　V
채소를 + ~한 후에 + [우리는] + [담았다] + 과일과 채소를 + 비닐에
　　　　　　　　　　S　　　　V

❶ 우린 + 끌었다

> = We took
> - take a cart : 카트를 끌다

- 쇼핑 카트를

> = a shopping cart

ⓒ 그리고

> = and

**❷ 우리는 +
무게를 쟀다**

- 과일과 채소를

= we weighed
- weigh : (동사) 무게를 달다, 저울질하다

= the fruits and vegetables

ⓒ ~ 한 후에

= after

❸ 우리는 + 담았다

- 과일과 채소를

- 비닐에

= we put

= the fruits and vegetables
- 앞의 단어와 중복이므로 대명사 'them'으로 대신한다.

= in plastic bags
- plastic : 비닐

(어순 정리) **We took a shopping cart and we weighed the fruits and vegetables after we put them in plastic bags.**

\# 문장을 더 줄여보자

부사 의미의 접속사(after)가 들어간 문장은 주어와 동사를 변형시켜서 구문으로 바꿀 수 있다. 앞 문장의 주어 'we'와 뒷 문장의 주어 'we'가 중복이므로 뒤 문장의 주어는 생략 가능하고, 동사 시제가 같은 과거형이므로 '동사원형 + ing'를 붙여준다.

after we put them → after putting them

(어순 정리) **We took a shopping cart and weighed the fruits and vegetables after putting them in plastic bags.** [문장2개]

5. 엄마 덕분에 돈을 많이 아낀 것 같았다.

= 엄마 덕분에 + [나는] + [~같았다] + ~인 것 + [나는] + [아꼈다] + 많은 돈을
                S   V   S   V

- 엄마 덕분에

> = Thanks to my mom
> - thanks to ~ : ~덕분에

❶ 나는 + ~같았다

> = I feel like
> - feel like : ~인 것 같다

- ~인 것

> = that
> - 앞의 'feel like'라는 동사의 보어 역할로 명사의 의미를 나타내는 문장을 이끄는 명사절 관계 접속사이다. 문장에서는 생략 가능하다.

❷ 나는 + 아꼈다

> = I saved

- 많은 돈을

> = a lot of money

어순 정리 **Thanks to my mom, I feel like I saved a lot of money.**

[문장2개]

5단계 미션클리어

※ 한글 문답을 보고 시간 내에 영어로 말해보기.(20초)

Korean ver.

7월 3일 토요일 맑음

오늘은 엄마와 함께 장을 보러 갔다.

엄마는 장을 보기 전에 쇼핑 리스트를 작성하셨다.

과소비를 막기 위해서라고 하셨다.

우린 쇼핑 카트를 끌고, 과일과 채소를 비닐에 담은 후 무게를 쟀다.

엄마 덕분에 많은 돈을 아낀 것 같았다.

English ver.

Saturday, July 3rd clear

I went grocery shopping with my mom today.

My mom made a shopping list before going out.

She said it was to prevent overspending.

We took a shopping cart and weighed the fruits and vegetables after

putting them in plastic bags.

Thanks to my mom, I feel like I saved a lot of money.

오늘의
생활 영어 미션 ㉙

7월 18일 일요일 맑음

오늘은 갑자기 피자가 먹고 싶어져서 배달을 시켰다.

온라인으로 홈페이지에서 회원 가입하고, 피자를 주문했다.

피자에 토핑을 추가할 수 있어서, 치즈를 추가했다.

쿠폰이 있어서 감자튀김도 시켰다.

주문한지 30분 만에 피자가 왔다.

1단계 　동사 찾기

※ 동사는 밑줄로 표시하기.

1. 오늘은 갑자기 피자가 먹고 싶어져서 배달을 시켰다. (2개)

2. 온라인으로 홈페이지에서 회원 가입한 후, 피자를 주문했다. (2개)

3. 피자에 토핑을 추가할 수 있어서, 치즈를 추가했다. (2개)

4. 쿠폰이 있어서 감자튀김도 시켰다. (2개)

5. 주문한지 30분 만에 피자가 왔다. (2개)

해답

1. 오늘은 갑자기 피자가 먹고 싶어져서 배달을 <u>시켰다</u>. (2개)

2. 온라인으로 홈페이지에서 회원 <u>가입한</u> 후, 피자를 <u>주문했다</u>. (2개)

3. 피자에 토핑을 <u>추가할</u> 수 있어서, 치즈를 <u>추가했다</u>. (2개)

4. 쿠폰이 <u>있어서</u> 감자튀김도 <u>시켰다</u>. (2개)

5. <u>주문한지</u> 30분 만에 피자가 <u>왔다</u>. (2개)

※ 주어를 있는대로 찾아보기(숨어있는 주어 포함).

1. 오늘은 갑자기 피자가 먹고 싶어져서 배달을 시켰다.   (2개)

주어

2. 온라인으로 홈페이지에서 회원 가입한 후, 피자를 주문했다.   (2개)

주어

3. 피자에 토핑을 추가할 수 있어서, 치즈를 추가했다.   (2개)

주어

4. 쿠폰이 있어서 감자튀김도 시켰다.   (2개)

주어

5. 주문한지 30분 만에 피자가 왔다.   (2개)

주어

해답
1. 오늘은 갑자기 <내가> 피자가 먹고 싶어져서 <나는> 배달을 시켰다.   (2개)
2. <나는> 온라인으로 홈페이지에서 회원 가입한 후, <나는> 피자를 주문했다.   (2개)
3. <나는>피자에 토핑을 추가할 수 있어서, <나는> 치즈도 추가했다.   (2개)
4. <나는> 쿠폰이 있어서 <나는> 감자튀김도 시켰다.   (2개)
5. <내가> 주문한지 30분 만에 (피자가) 왔다.   (2개)

• 주어 : (   ), 숨은 주어 : <   >

3단계 문장 구조 파악하기

※ 보기를 이용해 문장을 완성하고, 문장의 구조 파악하기.

1. 오늘은 갑자기 피자가 먹고 싶어져서 배달을 시켰다.

= 오늘은 + [   ] + [   ] + 피자가 + 갑자기 + 그래서 + [   ] + [   ] + 피자를
              S   V   S   V

2. 온라인으로 홈페이지에서 회원 가입한 후, 피자를 주문했다.

= ~한 후 + [   ] + [   ] + 회원으로 + 홈페이지에서 + [   ] + [   ] + 피자를
           S   V   S   V

3. 피자에 토핑을 추가할 수 있어서, 치즈를 추가했다.

= [   ] + [   ] + 토핑을 + 그래서 + [   ] + [   ] + 치즈를
   S   V   S   V

4. 쿠폰이 있어서 감자튀김도 시켰다.

= [   ] + [   ] + 쿠폰이 + 그래서 + [   ] + [   ] + 감자튀김도
   S   V   S   V

5. 주문한지 30분 만에 피자가 왔다.

= 30분 만에 + ~한 지 + [   ] + [   ] + [   ] + [   ]
                       S   V   S   V

S   I / the pizza

V   had / could add / ordered / came / wanted / registered / added / had delivered

4단계 문장 다듬기

※ 어휘를 활용해서 문장 완성하기.

1. 오늘은 갑자기 피자가 먹고 싶어져서 배달을 시켰다.

= 오늘은 + [나는] + [먹고 싶어졌다] + 피자가 + 갑자기 + 그래서 + [나는] + [배달
          S   V   S

을 시켰다] + 피자를
V

- 오늘은

> = Today

**❶ 나는 +
먹고 싶어졌다**

> = I wanted
> - '피자가 먹고 싶어졌다 = 피자를 원했다'

- 피자가

> = pizza
> - 여기서는 목적어로 쓰였다.

- 갑자기

> = all of a sudden

ⓒ 그래서

> = so

**❷ 나는 +
배달을 시켰다**

> = I had + 목적어 + delivered
> - 사역동사 : '목적어'에 대해 '~을 시키다'라는 표현을 갖게
>   하는 동사를 사역동사라고 한다. 주로 let, make, have 동
>   사가 그 역할을 하며, '사역동사 + 목적어 + p.p'의 형태로
>   표현한다.
> - **주의** 'delivered'는 여기서 단순한 과거형이 아닌 p.p형이다.

| · 피자를 | = one |
| | · 'pizza'가 중복되므로 대명사 'one'으로 바꾸어 주면 된다. 'have + one + delivered = 남에게 피자를 배달하도록 시키다'라는 의미라고 보면 된다. |

어순정리 **Today I wanted pizza all of a sudden, so I had one delivered.** [문장2개]

2. 온라인으로 홈페이지에서 회원 가입한 후, 피자를 주문했다.

= ~한 후 + [나는] + [가입했다] + 회원으로 + 홈페이지에서 + [나는] + [주문했다] +
　　　　　 S　　　 V　　　　　　　　　　　　　　　　　 S　　　 V
피자를

ⓒ **~한 후**　　　　　　= After

❶ **나는 + 가입했다**　　= I registered

· 회원으로　　　　　　= as a member
　　　　　　　　　　· '~으로'는 자격격을 나타내는 표현이므로 이럴 경우는 명사 앞에 'as'를 사용한다.

· 홈페이지에서　　　　= online

❷ **나는 + 주문했다**　　= I ordered

· 피자를　　　　　　　= my pizza

After I registered as a member online, I ordered my pizza. [문장2개]

문장을 더 줄여보자

부사 의미의 접속사(after)가 들어간 문장은 주어와 동사를 변형시켜서 구문으로 바꿀 수 있다. 앞 문장의 주어 'I'와 뒷 문장의 주어 'I'가 중복이므로 뒤 문장의 주어는 생략 가능하고, 동사 시제가 같은 과거형이므로 '동사원형 + ing'를 붙여준다.

After I registered → after registering

어순 정리 **After registering as a member online, I ordered my pizza.** [문장1개]

3. 피자에 토핑을 추가할 수 있어서, 치즈를 추가했다.

= [나는] + [추가할 수 있었다] + 토핑을 + 그래서 + [나는] + [추가했다] + 치즈를
     S   V   S   V

❶ 나는 + 추가할 수 있었다

= I could add

· 토핑을

= toppings

ⓒ 그래서

= so

❷ 나는 + 추가했다

= I added

· 치즈를

= cheese

어순 정리 I could add toppings, so I added cheese. [문장2개]

4. 쿠폰이 있어서 감자튀김도 시켰다.

= [나는] + [있었다] + 쿠폰이 + 그래서 + [나는] + [시켰다] + 감자튀김도
　　　S　　　　V　　　　　　　　　　　　S　　　　V

❶ 나는 + 있었다　　　= I had

　• 쿠폰이　　　　　　　= a coupon

ⓒ 그래서　　　　　　= so

❷ 나는 + 시켰다　　　= I ordered

　• 감자튀김도　　　　　= fries as well

　　　　　　　　　　　• as well : 또한, 역시

어순 정리 I had a coupon, so I ordered fries as well. [문장2개]

5. 주문한 지 30분 만에 피자가 왔다.

= 30분 만에 + ~한 지 + [내가] + [주문했다] + [피자가] + [왔다]
　　　　　　　　　　　　S　　　　V　　　　S　　　V

　• 30분 만에　　　　　= Thirty minutes

ⓒ ~한 지

= after

❶ 내가 + 주문했다

= I ordered

❷ 피자가 + 왔다

= the pizza came

(어순 정리) **Thirty minutes after I ordered, the pizza came.**

문장을 더 줄여보자

부사 의미의 접속사(after)가 들어간 문장은 주어와 동사를 변형시켜서 구문으로 바꿀 수 있다. 앞 문장의 주어 'I'와 뒷 문장의 주어 'I'가 중복이므로 뒤 문장의 주어는 생략 가능하고, 동사 시제가 같은 과거형이므로 '동사원형+ing'를 붙여준다.

After I ordered → after ordering

(어순 정리) **Thirty minutes after ordering, the pizza came.**
　　　　　　[문장1개]

5단계 **미션클리어**

※ 한글 문답을 보고 시간 내에 영어로 말해보기.(20초)

Korean ver.

7월 18일 일요일 맑음

오늘은 갑자기 피자가 먹고 싶어져서 배달을 시켰다.

온라인으로 홈페이지에서 회원 가입하고, 피자를 주문했다.

피자에 토핑을 추가할 수 있어서, 치즈를 추가했다.

쿠폰이 있어서 감자튀김도 시켰다.

주문한지 30분 만에 피자가 왔다.

English ver.

Sunday, July 18th clear

Today I wanted pizza all of a sudden, so I had one delivered.

After registering as a member online, I ordered my pizza.

I could add toppings, so I added cheese too.

I had a coupon, so I ordered fries as well.

Thirty minutes after ordering, the pizza came.

오늘의
생활 영어 미션 ㉚

7월 26일 월요일 더움

오늘은 너무 더워서 친구와 나는 수영장을 가기로 했다.

수영을 잘 못해서 이번 여름에 친구에게 레슨을 받기로 했다.

물에 들어가기 전에, 먼저 샤워를 하고 수영복을 착용했다.

그리고 준비운동을 하고나서, 친구가 한 시간 정도 수영을 가르쳐 줬다.

특히나 아침에는 수영장이 사람이 없어서 좋은 거 같다.

1단계   동사 찾기

※ 동사는 밑줄로 표시하기.

1. 오늘은 너무 더워서 친구와 나는 수영장을 가기로 했다. (2개)

2. 수영을 잘 못해서 이번 여름에 친구에게 레슨을 받기로 했다. (2개)

3. 물에 들어가기 전에, 먼저 샤워를 하고 수영복을 착용했다. (3개)

4. 그리고 준비운동을 하고나서, 친구가 한 시간 정도 수영을 가르쳐 줬다. (2개)

5. 특히나 아침에는 수영장이 사람이 없어서 좋은 거 같다. (2개)

해답

1. 오늘은 너무 <u>더워서</u> 친구와 나는 수영장을 <u>가기</u>로 했다. (2개)
2. 수영을 잘 <u>못해서</u> 이번 여름에 친구에게 레슨을 <u>받기</u>로 했다. (2개)
3. 물에 <u>들어가기</u> 전에, 먼저 샤워를 <u>하고</u> 수영복을 <u>착용했다</u>. (3개)
4. 그리고 준비운동을 <u>하고나서</u>, 친구가 한 시간 정도 수영을 <u>가르쳐</u> 줬다. (2개)
5. 특히나 아침에는 수영장이 사람이 <u>없어서</u> <u>좋은</u> 거 같다. (2개)

※ 주어를 있는대로 찾아보기(숨어있는 주어 포함).

1. 오늘은 너무 <u>더워서</u> 친구와 나는 수영장을 <u>가기로 했다</u>.　　(2개)

주어

2. 수영을 잘 <u>못해서</u> 이번 여름에 친구에게 <u>레슨을 받기로 했다</u>.　　(2개)

주어

3. 물에 <u>들어가기</u> 전에, 먼저 <u>샤워를 하고</u> 수영복을 <u>착용했다</u>.　　(3개)

주어

4. 그리고 <u>준비운동을</u> 하고나서, 친구가 한 시간 정도 수영을 <u>가르쳐 줬다</u>.　　(2개)

주어

5. 특히나 아침에는 수영장이 <u>사람이 없어서</u> 좋은 거 같다.　　(2개)

주어

해답

1. 오늘은 <가주어>너무 <u>더워서</u> (친구와 나는) 수영장을 <u>가기로 했다</u>.　　(2개)
2. <내가> 수영을 잘 <u>못해서</u> 이번 여름에 <나는>친구에게 <u>레슨을 받기로 했다</u>.　　(2개)
3. <내가> 물에 <u>들어가기</u> 전에, <나는> 먼저 <u>샤워를 하고</u> <나는> 수영복을 <u>착용했다</u>.　　(3개)
4. 그리고 <나는> <u>준비운동을</u> 하고나서, (친구가) 한 시간 정도 수영을 <u>가르쳐 줬다</u>.　　(2개)
5. 특히나 아침에는 (수영장이) <u>사람이 없어서</u> <가주어> 좋은 거 같다.　　(2개)

• 주어 : ( ), 숨은 주어 : < >

※ 보기를 이용해 문장을 완성하고, 문장의 구조 파악하기.

1. 오늘은 너무 더워서 친구와 나는 수영장을 가기로 했다.

= ~ 때문에 + [   ] + [   ] + 너무 더워서 + 오늘은 + [   ] + [   ] + 수영장을
　　　　　　　 S　　　　 V　　　　　　　　　　　　　　　　 S　　　　 V

2. 수영을 잘 못해서 이번 여름에 친구에게 레슨을 받기로 했다.

= [   ] + [   ] + 수영을 + 그래서 + [   ] + [   ] + 친구에게 + 이번 여름에
　 S　　　 V　　　　　　　　　　　　　 S　　　　 V

3. 물에 들어가기 전에, 먼저 샤워를 하고 수영복을 착용했다.

= ~하기 전에 + [   ] + [   ] + 물에 + 먼저 + [   ] + [   ] + 그리고나서 +
　　　　　　　 S　　　　 V　　　　　　　　　　 S　　　　 V

[   ] + [   ] + 수영복을
 S　　　　 V

4. 그리고 준비운동을 하고나서, 친구가 한 시간 정도 수영을 가르쳐 줬다.

= 그리고 + ~하고 나서 + [   ] + [   ] + [   ] + [   ] + 나에게 + 수영을 + 한 시간 정도
　　　　　　　　　　　 S　　　　 V　　　　 S　　　　 V

5. 특히나 아침에는 수영장이 사람이 없어서 좋은 거 같다.

= 특히나 + [   ] + [   ] + ~ 때문에 + [   ] + [   ] + 아침에는
　　　　　 S　　　　 V　　　　　　　　　 S　　　　 V

보기

S　 I / it / she / my friend and I / the pool

V　 warmed up / am not very good at / was / taught / is great / went into / have decided to take lessons / entered / is pretty empty / showered / made plans to go / put on

※ 어휘를 활용해서 문장 완성하기.

1. 오늘은 너무 더워서 친구와 나는 수영장을 가기로 했다.

= ~ 때문에 + [가주어] + [~였다] + 너무 더워서 + 오늘은 + [친구와 나는] + [가기
　　　　　　　S　　　　V　　　　　　　　　　　　　　　　　S
로 했다] + 수영장을
　V

ⓒ ~ 때문에

| = Because |

❶ 가주어 + ~였다

= it was

· 너무 더워서　　　　　= so hot

· 오늘은　　　　　　　= today

❷ 친구와 나는 +
가기로 했다

= my friend and I made plans to go
· make plans to ~ : ~할 준비를 하다

· 수영장을　　　　　= to the swimming pool

어순 정리 Because it was so hot today, my friend and I made
plans to go to the swimming pool. [문장2개]

2. 수영을 잘 못해서 이번 여름에 친구에게 레슨을 받기로 했다.

= [나는] + [잘 못하다] + 수영을 + 그래서 + [나는] + [레슨을 받기로 했다] + 친구
    S   V   S   V
에게 + 이번 여름에

❶ 나는 + 잘 못하다

= I'm not very good at
- be good at~ : ~를 능숙하게 잘하다

- 수영을

= swimming

ⓒ 그래서

= so

❷ 나는 + 레슨을 받기로 했다

= I decided to take lessons
- decided to ~ : ~하기로 했다
- take lessons : 레슨을 받다

- 친구에게

= from my friend

- 이번 여름에

= this summer

여순 정리 I'm not very good at swimming, so I decided to take lessons from my friend this summer. [문장2개]

3. 물에 들어가기 전에, 먼저 샤워를 하고 수영복을 착용했다.

= ~하기 전에 + [나는] + [들어갔다] + 물에 + 먼저 + [나는] + [샤워를 했다] + 그리

　　　　　　　　　S　　　V　　　　　　　　　　　　S　　　　　V

고 나서 + [나는] + [착용했다] + 수영복을

　　　　　　S　　　　V

ⓒ **~하기 전에** = Before

❶ **나는 + 들어갔다** = I went into

　• 물에 = the water

　• 먼저 = first

❷ **나는 + 샤워를 했다** = I showered

ⓒ **그리고 나서** = and then

❸ **나는 + 착용했다** = I put on

　　• put on / wear : 착용하다

　• 수영복을 = my swimsuit

여순 정리　**Before going into the water, I first showered and then put on my swimsuit.** [문장2개]

4. 그리고 준비운동을 하고나서, 친구가 한 시간 정도 수영을 가르쳐 줬다.

= 그리고 + ~하고 나서 + [우리가] + [준비운동을 했다] + [그녀는] + [가르쳤다] +
                             S   V   S   V

나에게 + 수영을 + 한 시간 정도

ⓒ 그리고   = And

- ~하고 나서   = after

❶ 우리가 +   = we warmed up
준비운동을 했다   - warm up : 스포츠나 활동 전에 몸을 천천히 풀다

❷ 그녀는 +   = she taught
가르쳤다

- 나에게   = me

- 수영을   = how to swim
          주의 주로 'teach how to ~'로 표현한다.

- 한 시간 정도   = for about an hour
          - bout : 대략

어순 정리 **And after our warming up, she taught me how to swim for about an hour.** [문장1개]

5. 특히나 아침에는 수영장이 사람이 없어서 좋은 거 같다.

= 특히나 + [가주어] + [좋은 거 같다] + ~ 때문에 + [수영장이] + [많이 비다] + 아
　　　　　 S　　　　 V　　　　　　　　　 S　　　　 V
침에는

· 특히나	= especially · 부사로서 주로 be 동사 뒤에 온다.
❶ 가주어 + 좋은 거 같다	= it is great
ⓒ 왜냐하면	= because
❷ 수영장이 + 많이 비다	= the pool is pretty empty · pretty : 굉장히
· 아침에는	= in the mornings

어순 정리 **It's especially great because the pool is pretty empty in the mornings.** [문장2개]

116

5단계 — 미션클리어

※ 한글 문답을 보고 시간 내에 영어로 말해보기.(20초)

Korean ver.

7월 26일 월요일 더움

오늘은 너무 더워서 친구와 나는 수영장을 가기로 했다.

수영을 잘 못해서 이번 여름에 친구에게 레슨을 받기로 했다.

물에 들어가기 전에, 먼저 샤워를 하고 수영복을 착용했다.

그리고 준비운동을 하고나서, 친구가 한 시간 정도 수영을 가르쳐 줬다.

특히나 아침에는 수영장이 사람이 없어서 좋은 거 같다.

English ver.

Monday, July 26th hot

Because it was so hot today, my friend and I made plans to go to the swimming pool.

I'm not very good at swimming, so I decided to take lessons from my friend this summer.

Before going into the water, I first showered and then put on my swimsuit.

And after our warming up, she taught me how to swim for about an hour.

It's especially great because the pool is pretty empty in the mornings.

오늘의
생활 영어 미션 ㉛

7월 31일 토요일 더움

나는 다음 주 유럽으로 배낭여행 가기로 계획을 짰다.

인터넷에서 비행기와 숙박, 교통편에 대한 많은 정보를 얻었다.

주변 맛집 뿐 아니라 현지 날씨도 검색했다.

여행 어플로 항공권을 구매하고 호텔방을 예약하고 나서 짐을 쌌다.

이번 여행에서 좋은 추억을 많이 쌓았으면 좋겠다.

동사 찾기

※ 동사는 <u>밑줄</u>로 표시하기.

1. 나는 다음 주 유럽으로 배낭여행 가기로 계획을 짰다. (1개)

2. 인터넷에서 비행기와 숙박, 교통편에 대한 많은 정보를 얻었다. (1개)

3. 주변 맛집 뿐 아니라 현지 날씨도 검색했다. (1개)

4. 여행 어플로 항공권을 구매하고 호텔방을 예약하고 나서 짐을 쌌다. (3개)

5. 이번 여행에서 좋은 추억을 많이 쌓았으면 좋겠다. (2개)

해답

1. 나는 다음 주 유럽으로 배낭여행 가기로 계획을 <u>짰다</u>. (1개)
2. 인터넷에서 비행기와 숙박, 교통편에 대한 많은 정보를 <u>얻었다</u>. (1개)
3. 주변 맛집 뿐 아니라 현지 날씨도 <u>검색했다</u>. (1개)
4. 여행 어플로 항공권을 <u>구매하고</u> 호텔방을 <u>예약하고</u> 나서 짐을 <u>쌌다</u>. (3개)
5. 이번 여행에서 좋은 추억을 많이 <u>쌓았으면</u> <u>좋겠다</u>. (2개)

2단계 주어 찾기

※ 주어를 있는대로 찾아보기(숨어있는 주어 포함).

1. 나는 다음 주 유럽으로 배낭여행 가기로 계획을 짰다. (1개)

[주어]

2. 인터넷에서 비행기와 숙박, 교통편에 대한 많은 정보를 얻었다. (1개)

[주어]

3. 주변 맛집 뿐 아니라 현지 날씨도 검색했다. (1개)

[주어]

4. 여행 어플로 항공권을 구매하고 호텔방을 예약하고 나서 짐을 쌌다. (3개)

[주어]

5. 이번 여행에서 좋은 추억을 많이 쌓았으면 좋겠다. (2개)

[주어]

해답

1. (나는) 다음 주 유럽으로 배낭여행 가기로 계획을 짰다. (1개)
2. <나는> 인터넷에서 비행기와 숙박, 교통편에 대한 많은 정보를 얻었다. (1개)
3. <나는> 주변 맛집 뿐 아니라 현지 날씨도 검색했다. (1개)
4. 여행 어플로 <나는> 항공권을 구매하고 <나는> 호텔방을 예약하고 나서 <나는> 짐을 쌌다. (3개)
5. 이번 여행에서 <나는> 좋은 추억을 많이 쌓았으면 <나는> 좋겠다. (2개)

• 주어 : ( ), 숨은 주어 : < >

3단계 문장 구조 파악하기

※ 보기를 이용해 문장을 완성하고, 문장의 구조 파악하기.

1. 나는 다음 주 유럽으로 배낭여행 가기로 계획을 짰다.

= [   ] + [   ] + 배낭여행 + 유럽으로 + 다음 주
    S   V

2. 인터넷에서 비행기와 숙박, 교통편에 대한 많은 정보를 얻었다.

= [   ] + [   ] + 많은 정보를 + 비행기와 숙박, 교통편에 대한 + 인터넷에서
    S   V

3. 주변 맛집 뿐 아니라 현지 날씨도 검색했다.

= [   ] + [   ] + 또한 + 주변 맛집 + ~뿐 아니라 + 현지 날씨도
    S   V

4. 여행 어플로 항공권을 구매하고 호텔방을 예약하고 나서 짐을 쌌다.

= ~하고 나서 + [   ] + [   ] + 항공권을 + 그리고 + [   ] + [   ] + 호텔을 + 여행
             S   V   S   V

어플로 + [   ] + [   ] + 짐을
         S   V

5. 이번 여행에서 좋은 추억을 많이 쌓았으면 좋겠다.

= [   ] + [   ] + ~을 + [   ] + [   ] + 많은 좋은 추억을 + 이번 여행에서
    S   V   S   V

<u>S</u>   I

<u>V</u>   can make / made plans to go / bought / searched for / found / booked / hope / packed

4단계 　문장 다듬기

※ 어휘를 활용해서 문장 완성하기.

1. 나는 다음 주 유럽으로 배낭여행 가기로 계획을 짰다.

= [나는] + [가기로 계획을 짰다] + 배낭여행 + 유럽으로 + 다음 주
　 S 　　　　　 V

❶ 나는 + 가기로 계획을 짰다

= I made plans to go
- make plans to~ : ~할 계획을 짜다

- 배낭여행
= backpacking
- backpacking : 배낭여행

- 유럽으로
= in Europe

- 다음 주
= next week

어순 정리　I made plans to go backpacking in Europe next week. [문장1개]

2. 인터넷에서 비행기와 숙박, 교통편에 대한 많은 정보를 얻었다.

= [나는] + [얻었다] + 많은 정보를 + 비행기와 숙박, 교통편에 대한 + 인터넷에서
　 S 　　　　 V

❶ 나는 + 얻었다

= I found
- find : 얻었다, 발견했다

122

- 많은 정보를   = a lot of information

- 비행기와 숙박, 교통편에 대한   = about flight, accommodation, and transportation
  - about : ~에 대한
  - flight : 비행기, 비행
  - accommodation : 숙박, 거처, 숙박시설
  - transportation : 수송, 차량, 교통편
  = 명사 병렬 구조
  = A, B, and C
  = flight, accommodation, and transportation

- 인터넷에서   = on the internet

어순 정리 **I found a lot of information about flights, accommo-dation, and transportation on the internet.** [문장1개]

3. 주변 맛집 뿐 아니라 현지 날씨도 검색했다.

= [나는] + [검색했다] + 또한 + 주변 맛집 + ~뿐 아니라 + 현지 날씨도
    S   V

❶ 나는 + 검색했다
= I searched for
- search for : 검색하다, 찾다

- 또한
  = also
  - 보통 문장 안에 위치할 때는 일반 동사 앞에 위치한다.
  - I also searched for ~

- 주변 맛 집
  = tasty restaurants in the area
  - in the area : 주변

- ~뿐 아니라
  = as well as

- 현지 날씨

> - A as well as B : B 뿐만 아니라 A
>
> = the local weather
> - local : 현지, 그 지역의
>
> **주의** 주변 맛집 뿐 아니라 현지 날씨
>   B   A
> = the local weather as well as tasty restaurants in the
>   A   B
>   area

어순 정리 I also searched for the local weather as well as tasty restaurants in the area. [문장1개]

4. 여행 어플로 항공권을 구매하고 호텔방을 예약하고 나서 짐을 쌌다.

= ~하고 나서 + [나는] + [샀다] + 항공권을 + 그리고 + [나는] + [예약했다] + 호텔
                S   V   S   V
방을 + 여행 어플로 + [나는] + [쌌다] + 짐을
                      S   V

© **~하고 나서**   = After

❶ **나는 + 샀다**   = I bought

- 항공권을   = a plane ticket

© **그리고**   = and

❷ 나는 + 예약했다

= I booked
- 보통 '호텔방을 예약하다'라고 할때는 'book'이라는 동사를 많이 사용한다.

- 호텔방을

= a hotel room

- 여행 어플로

= through a travel app
- through : ~을 통해서
- 보통 'through'에는 '처음부터 끝까지'라는 의미가 있다. '어떤 일련의 과정이나 상황의 처음부터 끝까지' 라고 볼 수 있으며, 호텔 방 예약 전 과정을 처음부터 끝까지 어플을 이용해서 예약했다는 의미이므로 적절히 표현할 수 있다.

❸ 나는 + 쌌다

= I packed

- 짐을

= my luggage

(어순 정리) **After I bought a plane ticket and I booked a hotel room through a travel app, I packed my luggage.**

문장을 더 줄여보자

부사 의미의 접속사(after)가 들어간 문장은 주어와 동사를 변형시켜서 구문으로 바꿀 수 있다. 앞 2개 문장의 주어 'I'와 맨 뒷 문장의 주어 'I'가 중복이므로 앞 2개 문장의 주어는 생략 가능하고, 동사 시제가 같은 과거형이므로 '동사원형+ing'를 붙여준다.

After I bought and I booked →After buying~ and booking~

(어순 정리) **After buying a plane ticket and booking a hotel room through a travel app, I packed my luggage.** [문장1개]

5. 이번 여행에서 좋은 추억을 많이 쌓았으면 좋겠다.

= [나는] + [좋겠다] + ~을 + [내가] + [쌓을 수 있다] + 많은 좋은 추억을 + 이번 여
    S   V   S   V

행에서

❶ 나는 + 좋겠다

= I hope

ⓒ ~을

= that
- 뒤의 문장을 목적어처럼 이끄는 명사 관계 접속사이다. 생
  략 가능하다.

**❷ 내가 +
쌓을 수 있다**

= I can make
- make lots of memories : 많은 추억을 쌓다

- 이번 여행에서

= on this trip

어순 정리 **I hope I can make lots of good memories on this
trip.** [문장2개]

126

5단계 미션클리어

※ 한글 문답을 보고 시간 내에 영어로 말해보기.(20초)

Korean ver.

7월 31일 토요일 더움

나는 다음 주 유럽으로 배낭여행 가기로 계획을 짰다.

인터넷에서 비행기와 숙박, 교통편에 대한 많은 정보를 얻었다.

주변 맛집 뿐 아니라 현지 날씨도 검색했다.

여행 어플로 항공권을 구매하고 호텔방을 예약하고 나서 짐을 쌌다.

이번 여행에서 좋은 추억을 많이 쌓았으면 좋겠다.

English ver.

Saturday, July 31st hot

I made plans to go backpacking in Europe next week.

I found a lot of information about flights, accommodation, and transportation on the internet.

I also searched for the local weather as well as tasty restaurants in the area.

After buying a plane ticket and booking a hotel room through a travel app, I packed my luggage.

I hope I can make lots of good memories on this trip.

오늘의
생활 영어 미션 ㉜

8월 5일 목요일 더움

드디어 내일 모레 유럽으로 떠난다.

나는 어제 은행에 가서 돈을 1000 유로로 환전했다.

환율은 시시때때로 달라지는 거 같다.

환율이 이렇게 오를 줄 알았으면 미리 바꿨을 것이다.

유럽에서 10일간 이 경비로 버틸 수 있길 바랄 뿐이다.

※ 동사는 밑줄로 표시하기.

1. 드디어 내일 모레 유럽으로 떠난다.   (1개)

2. 나는 어제 은행에 가서 돈을 1000 유로로 환전했다.   (2개)

3. 환율은 시시때때로 달라지는 거 같다.   (1개)

4. 환율이 이렇게 오를 줄 알았으면 미리 바꿨을 것이다.   (3개)

5. 유럽에서 10일간 이 경비로 버틸 수 있길 바랄 뿐이다.   (2개)

해답

1. 드디어 내일 모레 유럽으로 <u>떠난다</u>.   (1개)

2. 나는 어제 은행에 <u>가서</u> 돈을 1000 유로로 <u>환전했다</u>.   (2개)

3. 환율은 시시때때로 <u>달라지는</u> 거 같다.   (1개)

4. 환율이 이렇게 <u>오를</u> 줄 <u>알았으면</u> 미리 <u>바꿨을</u> 것이다.   (3개)

5. 유럽에서 10일간 이 경비로 <u>버틸</u> 수 있길 <u>바랄</u> 뿐이다.   (2개)

2단계 주어 찾기

※ 주어를 있는대로 찾아보기(숨어있는 주어 포함).

1. 드디어 내일 모레 유럽으로 떠난다.   (1개)

주어

2. 나는 어제 은행에 가서 돈을 1000 유로로 환전했다.   (2개)

주어

3. 환율은 시시때때로 달라지는 거 같다.   (1개)

주어

4. 환율이 이렇게 오를 줄 알았으면 미리 바꿨을 것이다.   (3개)

주어

5. 유럽에서 10일간 이 경비로 버틸 수 있길 바랄 뿐이다.   (2개)

주어

해답

1. <나는> 드디어 내일 모레 유럽으로 떠난다.   (1개)
2. (나는) 어제 은행에 가서 <나는> 돈을 1000 유로로 환전했다.   (2개)
3. (환율은) 시시때때로 달라지는 거 같다.   (1개)
4. (환율이) 이렇게 오를 줄 <내가> 알았으면 <내가> 미리 바꿨을 것이다.   (3개)
5. 유럽에서 10일간 이 경비로 <내가> 버틸 수 있길 <나는> 바랄 뿐이다.   (2개)

• 주어 : ( ), 숨은 주어 : < >

3단계 문장 구조 파악하기

※ 보기를 이용해 문장을 완성하고, 문장의 구조 파악하기.

1. 드디어 내일 모레 유럽으로 떠난다.

= 드디어 + [   ] + [   ] + 유럽으로 + 내일 모레
            S   V

2. 나는 어제 은행에 가서 돈을 1000 유로로 환전했다.

= 어제 + [   ] + [   ] + 은행에 + 그리고 + [   ] + [   ] + 돈을 + 1000유로를
        S   V   S   V

3. 환율은 시시때때로 달라지는 거 같다.

= [   ] + [   ] + 시시때때로
   S   V

4. 환율이 이렇게 오를 줄 알았으면 미리 바꿨을 것이다.

= [   ] + [   ] + 내 돈을 + 미리 + 만약에 + [   ] + [   ] + ~를 + [   ] +
   S   V   S   V   S

[   ] + 이렇게
   V

5. 유럽에서 10일간 이 경비로 버틸 수 있길 바랄 뿐이다.

= [   ] + [   ] + ~를 + [   ] + [   ] + 10일간 + 유럽에서 + 이 경비로
   S   V   S   V

S   I / The exchange rate

V   just hope / would have changed / seems to change / am leaving / had
known / can last / exchanged / would go up / went to

4단계 | 문장 다듬기

※ 어휘를 활용해서 문장 완성하기.

1. 드디어 내일 모레 유럽으로 떠난다.

= 드디어 + [나는] + [떠난다] + 유럽으로 + 내일 모레
　　　　　　 S　　　　　 V

- 드디어

  = finally
  - 부사로서 문장 안에서는 주로 be동사 뒤에 위치한다.

❶ 나는 + 떠난다

  = I am leaving
  - 여기서는 '미래'의 의미다. 동사 현재 완료형은 가까운 미래의 의미를 가지기도 한다.

- 유럽으로

  = for Europe
  - leave for ~ : ~ 로 떠나다

- 내일 모레

  = the day after tomorrow

(어순 정리) I'm finally leaving for Europe the day after tomorrow. [문장1개]

132

2. 나는 어제 은행에 가서 돈을 1000 유로로 환전했다.

= 어제 + [나는] + [갔다] + 은행에 + 그리고 + [나는] + [환전했다] + 돈을 + 1000
           S   V   S   V

유로로

- 어제   = Yesterday

❶ 나는 + 갔다   = I went

- 은행에   = to the bank

ⓒ 그리고   = and

❷ 나는 + 환전했다   = I exchanged

- 돈을   = my money
- 1,000유로로   = for 1,000 Euros

  - exchange A for B : A를 B로 바꾸다

[어순 정리] Yesterday, I went to the bank and I exchanged my money for 1,000 Euros.

\# 문장을 더 줄여보자   = 동사 병렬 구조

= I went~ and (I) exchanged~

[어순 정리] Yesterday, I went to the bank and exchanged my money for 1,000 Euros. [문장2개]

3. 환율은 시시때때로 달라지는 거 같다.

= [환율은] + [달라지는 거 같다] + 시시때때로
    S   V

❶ 환율은 +
달라지는 거 같다

= The exchange rate seems to change
- exchange rate : 환율
- seem to ~ : ~인 것처럼 보이다

- 시시때때로

= from time to time

어순정리 **The exchange rate seems to change from time to time.** [문장1개]

4. 환율이 이렇게 오를 줄 알았으면 미리 바꾸었을 것이다.

= [나는] + [바꾸었을 것이다] + 내 돈을 + 미리 + 만약에 + [내가] + [알았었다] + ~
    S   V   S   V
를 + [환율이] + [오를 것이다] + 이렇게
       S   V

❶ 나는 +
바꾸었을 것이다

= I would have exchanged
- 과거에 '~했을 것이다'라고 의미하는 가정문일 경우는 'would have p.p'로 표현한다.

- 내 돈을

= my money

- 미리

= earlier
- 'early'의 비교형으로 '좀 더 일찍 = 미리'라는 의미로 보면 된다.

ⓒ 만약에

= if

❷ 내가 + 알았었다

= I had known

ⓒ ~를

= that
- 목적어 의미를 나타내는 명사를 이끄는 명사절 관계 접속 사이다. 문장에서는 생략 가능하다.

❸ 내가 + 알았었다

= the exchange rate would go up
- 'would'는 미래에 대한 가정을 나타내는 조동사

- 이렇게

= like this

어순정리 I would've exchanged my money earlier if I'd known the exchange rate would go up like this. [문장3개]

5. 유럽에서 10일간 이 경비로 버틸 수 있길 바랄 뿐이다.

= [나는] + [바랄 뿐이다] + ~를 + [내가] + [버틸 수 있다] + 10일간 + 유럽에서 + 이
　　S　　　　V　　　　　　　S　　　　V
경비로

**❶ 나는 +
바랄 뿐이다**

= I just hope
- '~일 뿐이다'라는 표현은 'just'라는 단어 하나만으로도 간단히 표현된다.

ⓒ ~를

= that
- 목적어 의미를 나타내는 명사를 이끄는 명사절 관계 접속

사이다. 문장에서는 생략 가능하다.

❷ 내가 +
버틸 수 있다

= I can last
- last : 지속하다, 버티다

- 10일간

= ten days

- 유럽에서

= in Europe

- 이 경비로

= with this amount

어순정리 I just hope I can last ten days in Europe with this
amount. [문장2개]

136

※ 한글 문답을 보고 시간 내에 영어로 말해보기.(20초)

(Korean ver.)

8월 5일 목요일 더움　

드디어 내일 모레 유럽으로 떠난다.

나는 어제 은행에 가서 돈을 1000 유로로 환전했다.

환율은 시시때때로 달라지는 거 같다.

환율이 이렇게 오를 줄 알았으면 미리 바꿨을 것이다.

유럽에서 10일간 이 경비로 버틸 수 있길 바랄 뿐이다.

(English ver.)

Thursday, August 5th hot　

I'm finally leaving for Europe the day after tomorrow.

Yesterday, I went to the bank and exchanged my money for 1,000 Euros.

The exchange rate seems to change from time to time.

I would've exchanged my money earlier if I'd known the exchange rate

would go up like this.

I just hope I can last ten days in Europe with this amount.

오늘의
생활 영어 미션 ㉝

8월 6일 금요일 더움

오늘은 아침부터 바빴다.

창고에서 여행 가방을 꺼내서 짐부터 쌌다.

짐이 많은 거 같아 무게를 재 봤다.

다행히 무게를 초과하지는 않는 거 같았다.

나는 만약을 위해 짐 가방에 이름표를 달았다.

1단계 동사 찾기

※ 동사는 밑줄로 표시하기.

1. 오늘은 아침부터 바빴다. (1개)

2. 창고에서 여행 가방을 꺼내서 짐부터 쌌다. (2개)

3. 짐이 많은 거 같아 무게를 재 봤다. (2개)

4. 다행히 무게를 초과하지는 않는 거 같았다. (2개)

5. 나는 만약을 위해 짐 가방에 이름표를 달았다. (1개)

해답

1. 오늘은 아침부터 <u>바빴다</u>. (1개)
2. 창고에서 여행 가방을 <u>꺼내서</u> 짐부터 <u>쌌다</u>. (2개)
3. 짐이 많은 <u>거 같아</u> 무게를 <u>재 봤다</u>. (2개)
4. 다행히 무게를 <u>초과하지는</u> <u>않는</u> 거 같았다. (2개)
5. 나는 만약을 위해 짐 가방에 이름표를 <u>달았다</u>. (1개)

2단계   주어 찾기

※ 주어를 있는대로 찾아보기(숨어있는 주어 포함).

1. 오늘은 아침부터 <u>바빴다</u>.   (1개)

`주어`

2. 창고에서 여행 가방을 <u>꺼내서</u> 짐부터 <u>쌌다</u>.   (2개)

`주어`

3. 짐이 많은 <u>거 같아</u> 무게를 재 <u>봤다</u>.   (2개)

`주어`

4. 다행히 무게를 <u>초과하지는</u> 않는 거 <u>같았다</u>.   (2개)

`주어`

5. 나는 만약을 위해 짐 가방에 이름표를 <u>달았다</u>.   (1개)

`주어`

해답

1. <나는> 오늘은 아침부터 <u>바빴다</u>.   (1개)
2. <나는> 창고에서 여행 가방을 <u>꺼내서</u> <나는> 짐부터 <u>쌌다</u>.   (2개)
3. <가주어> 짐이 많은 <u>거 같아</u> <나는> 무게를 재 <u>봤다</u>.   (2개)
4. <가주어> 다행히 무게를 <u>초과하지는</u> <가주어> 않는 거 <u>같았다</u>.   (2개)
5. <나는> 나는 만약을 위해 짐 가방에 이름표를 <u>달았다</u>.   (1개)

* 주어 : ( ), 숨은 주어 : < >

문장 구조 파악하기

※ 보기를 이용해 문장을 완성하고, 문장의 구조 파악하기.

1. 오늘은 아침부터 바빴다.

= [   ] + [   ] + 오늘은 아침부터
  S   V

2. 창고에서 여행 가방을 꺼내서 짐부터 쌌다.

= [   ] + [   ] + 여행 가방을 + 창고에서 + 그리고 + [   ] + [   ] + 짐부터
  S   V   S   V

3. 짐이 많은 거 같아 무게를 재 봤다.

= [   ] + [   ] + 짐이 많은 거 + 그래서 + [   ] + [   ] + 짐을
  S   V   S   V

4. 다행히 무게를 초과하지는 않는 거 같았다.

= 다행히 + [   ] + [   ] + ~인 것 + [   ] + [   ] + 무게를
            S   V   S   V

5. 나는 만약을 위해 짐 가방에 이름표를 달았다.

= [   ] + [   ] + 이름표를 + 짐 가방에 + 만약을 위해
  S   V

<u>S</u>   I / It

<u>V</u>   attached / seemed like / got / have been busy / didn't look like / packed /
        tried weighing / went over

※ 어휘를 활용해서 문장 완성하기.

1. 오늘은 아침부터 바빴다.

= [나는] + [바빴다] + 오늘은 아침부터
    S   V

❶ 나는 + 바빴다

> = I've been busy
> * '과거형'의 의미처럼 들리지만, 뒤에 '아침부터'라는 시간적인 지속성의 단어가 나오므로 '완료형'을 써주는 것이 좋다.

* 오늘은 아침부터

> = since this morning
> * since : ~ 이후로 쭉, ~부터
> * this morning : 오늘 아침

어순 정리 **I've been busy since this morning.** [문장1개]

2. 창고에서 여행 가방을 꺼내서 짐부터 쌌다.

= [나는] + [꺼냈다] + 여행 가방을 + 창고에서 + 그리고 + [나는] + [쌌다] + 짐부터
    S   V   S   V

❶ 나는 + 꺼냈다

> = I got
> * '꺼내다'라는 의미로서는 'take' 혹은 'get' 동사를 사용해도 무방하다.

* 여행 가방을

> = my suitcase

* 창고에서

> = out of storage

142

- storage : 창고

ⓒ 그리고

= and

❷ 나는 + 쌌다

= I packed

- 짐부터

= my belongings first
- belongings : 재산, 소유물, 짐

어순정리 I got my suitcase out of storage and I packed my belongings first.

\# 문장을 더 줄여보자

= 동사 병렬 구조
= I got~ and (I) packed~

어순정리 I got my suitcase out of storage and packed my belongings first. [문장2개]

3. 짐이 많은 거 같아 무게를 재 봤다.

= [가주어] + [~같았다] + 짐이 많은 거 + 그래서 + [나는] + [무게를 재 봤다] + 짐을
      S   V   S   V

❶ 가주어 + ~같았다

- 짐이 많은 거

ⓒ 그래서

❷ 나는 + 무게를 재 봤다

- 짐을

= It seemed like
- seem like : ~ 같이 보인다.

= a lot of luggage

= so

= I tried weighing
- try : ~해 보다 (뒤에 '동사 + ing'가 온다)
- weigh : 무게를 재다

= it

어순 정리 It seemed like a lot of luggage, so I tried weighing it.

[문장2개]

4. 다행히 무게를 초과하지는 않는 거 같았다.

= 다행히 + [가주어] + [~하지 않는 거 같았다] + ~인 것 + [가주어] + [초과하다]
                    S   V   S   V
+ 무게를

- 다행히

= Thankfully
문장 맨 앞에 위치할 수 있다.

144

❶ 가주어 + ~하지 않는 거 같았다

= it didn't look like

ⓒ ~인 것

= that
- 'look like'의 보어 의미를 나타내는 명사를 이끄는 명사절 관계 접속사이다. 문장에서는 생략 가능하다.

❷ 가주어 + 초과하다

= it went over
- go over : 초과하다

- 무게를

= the weight limit
- 여기서 '무게를 초과하다'라는 의미는 '허용 무게 한계를 초과하다'라는 의미로 볼 수 있다.

어순 정리 **Thankfully, it didn't look like it went over the weight limit.** [문장2개]

5. 나는 만약을 위해 짐 가방에 이름표를 달았다.

= [나는] + [달았다] + 이름표를 + 짐 가방에 + 만약을 위해
    S   V

❶ 나는 + 달았다

= I attached
- attach : 붙이다, 첨부하다
- attach a name tag to~ : ~에 이름표를 달다

- 이름표를

= a name tag

- 짐 가방에

= to my suitcase

- 만약을 위해

> **= just in case**
> - just in case : ~한 경우에 한해서

어순 정리 **I attached a name tag to my suitcase just in case.**

[문장1개]

5단계 미션클리어

※ 한글 문답을 보고 시간 내에 영어로 말해보기.(20초)

Korean ver.

8월 6일 금요일 더움

오늘은 아침부터 바빴다.

창고에서 여행 가방을 꺼내서 짐부터 쌌다.

짐이 많은 거 같아 무게를 재 봤다.

다행히 무게를 초과하지는 않는 거 같았다.

나는 만약을 위해 짐 가방에 이름표를 달았다.

English ver.

Friday, August 6th hot

I've been busy since this morning.

I got my suitcase out of storage and packed my belongings first.

It seemed like a lot of luggage, so I tried weighing it.

Thankfully, it didn't look like it went over the weight limit.

I attached a name tag to my suitcase just in case.

오늘의
생활 영어 미션 ㉞

8월 7일 토요일 더움

공항에 도착해서 해외 출국장 게이트로 갔다.

탑승수속을 하고, 탑승권을 받고, 짐을 부쳤다.

신발을 벗고 보안검색대를 통과했다.

게이트에서 대기하다가 탑승 순서가 돼서 줄을 섰다.

10시간 이상 비행은 처음이라 너무 들떴다.

1단계 동사 찾기

※ 동사는 밑줄로 표시하기.

1. 공항에 도착해서 해외 출국장 게이트로 갔다.   (2개)

2. 탑승수속을 하고, 탑승권을 받고, 짐을 부쳤다.   (3개)

3. 신발을 벗고 보안검색대를 통과했다.   (2개)

4. 게이트에서 대기하다가 탑승 순서가 돼서 줄을 섰다.   (3개)

5. 10시간 이상 비행은 처음이라 너무 들떴다.   (2개)

해답

1. 공항에 <u>도착해서</u> 해외 출국장 게이트로 <u>갔다</u>.   (2개)
2. 탑승수속을 <u>하고</u>, 탑승권을 <u>받고</u>, 짐을 <u>부쳤다</u>.   (3개)
3. 신발을 <u>벗고</u> 보안검색대를 <u>통과했다</u>.   (2개)
4. 게이트에서 <u>대기하다가</u> 탑승 순서가 <u>돼서</u> 줄을 <u>섰다</u>.   (3개)
5. 10시간 이상 비행은 <u>처음이라</u> 너무 <u>들떴다</u>.   (2개)

※ 주어를 있는대로 찾아보기(숨어있는 주어 포함).

1. 공항에 <u>도착해서</u> 출국장 게이트로 <u>갔다</u>.   (2개)

주어

2. 탑승수속을 <u>하고</u>, 탑승권을 <u>받고</u>, 짐을 <u>부쳤다</u>.   (3개)

주어

3. 신발을 <u>벗고</u> 보안검색대를 <u>통과했다</u>.   (2개)

주어

4. 게이트에서 <u>대기하다가</u> 탑승 순서가 <u>돼서</u> 줄을 <u>섰다</u>.   (3개)

주어

5. 10시간 이상 비행은 <u>처음이라</u> 너무 <u>들떴다</u>.   (2개)

주어

해답

1. <나는> 공항에 도착해서 <나는> 해외 출국장 게이트로 갔다.   (2개)
2. <나는> 탑승수속을 하고, <나는> 탑승권을 받고, <나는> 짐을 <u>부쳤다</u>.   (3개)
3. <나는> 신발을 벗고 <나는> 보안검색대를 통과했다.   (2개)
4. <나는> 게이트에서 대기하다가 <가주어> 탑승 순서가 돼서 <나는> 줄을 <u>섰다</u>. (3개)
5. <가주어> 10시간 이상 비행은 처음<u>이라</u> <나는> 너무 들떴다.   (2개)

* 주어 : ( ), 숨은 주어 : < >

3단계 문장 구조 파악하기

※ 보기를 이용해 문장을 완성하고, 문장의 구조 파악하기.

1. 공항에 도착해서 해외 출국장 게이트로 갔다.

= [   ] + [   ] + 공항에 + 그리고 + [   ] + [   ] + 게이트로 + 해외 출국장
   S   V   S   V

2. 탑승수속을 하고, 탑승권을 받고, 짐을 부쳤다.

= [   ] + [   ] + 그리고 + [   ] + [   ] + 탑승권을 + 그리고 + [   ] + [   ]
   S   V   S   V   S   V
+ 짐을

3. 신발을 벗고 보안검색대를 통과했다.

= [   ] + [   ] + 신발을 + 그리고 + [   ] + [   ] + 보안검색대를
   S   V   S   V

4. 게이트에서 대기하다가 탑승 순서가 돼서 줄을 섰다.

= ~한 후 + [   ] + [   ] + 게이트에서 + [   ] + [   ] + 탑승 순서가 + 그래서 +
              S   V   S   V

[   ] + [   ] + 줄을
  S   V

5. 10시간 이상 비행은 처음이라 너무 들떴다.

= [   ] + [   ] + 왜냐하면 + [   ] + [   ] + 처음이라 + 10시간 비행은
   S   V   S   V

S   I / it

V   arrived at / checked / waited / took off / got / checked in / was / got in /
went through / was so excited / went to / was going to be

※ 어휘를 활용해서 문장 완성하기.

1. 공항에 도착해서 해외 출국장 게이트로 갔다.

= [나는] + [도착했다] + 공항에 + 그리고 + [나는] + [갔다] + 게이트로 + 해외 출국장
    S   V   S   V

❶ 나는 + 도착했다

= I arrived
- arrive (at ~) : (구체적인 장소에) 도착하다

• 공항에

= at the airport

ⓒ 그리고

= and

❷ 나는 + 갔다

= I went

• 게이트로

= to the gate

• 해외 출국장(용)

= for international departures
- international departure : 국제 출국장

(어순 정리) I arrived at the airport and I went to the gate for international departures.

\# 문장을 더 줄여보자

= 동사 병렬 구조
= I arrived~ and (I) went~

(어순 정리) **I arrived at the airport and went to the gate for international departures.** [문장2개]

152

2. 탑승수속을 하고, 탑승권을 받고, 짐을 부쳤다.

= [나는] + [탑승 수속을 했다] + 그리고 + [나는] + [받았다] + 탑승권을 + 그리고 +
   S   V   S   V

[나는] + [부쳤다] + 짐을
  S   V

❶ 나는 +
탑승 수속을 했다

= I checked in
· check in : 탑승 수속을 밟다, 호텔에 머물다

ⓒ 그리고

= and

❷ 나는 + 받았다

= I got

· 탑승권을

= my boarding pass

ⓒ 그리고

= and

❸ 나는 + 부쳤다

= I checked
· check something : (비행기 등을 탈 때) 어떤 것을 부치다

· 짐을

= my luggage

(어순정리) **I checked in and I got my board-ing pass and I checked my luggage.**

\# 문장을 더 줄여보자

= 동사 병렬 구조
= I checked in~ (and I) got ~ and (I) checked ~
= A, B, and C
= I checked in~, got~, and checked~

(어순정리) **I checked in, got my boarding pass, and checked my luggage.** [문장3개]

3. 신발을 벗고 보안검색대를 통과했다.

= [나는] + [벗었다] + 신발을 + 그리고 + [나는] + [통과했다] + 보안검색대를
　　S　　　　V　　　　　　　　　　　　　S　　　　V

❶ 나는 + 벗었다

= I took off
- take off : ~을 탈의하다, ~을 벗다

- 신발을

= my shoes

ⓒ 그리고

= and

❷ 나는 + 통과했다

= I went through

- 보안 검색대를

= security

(어순 정리) I took off my shoes and I went through security.

\# 문장을 더 줄여보자

= 동사 병렬 구조
= I took off~ and (I) went~

(어순 정리) I took off my shoes and went through security. [문장2개]

4. 게이트에서 대기하다가 탑승 순서가 돼서 줄을 섰다.

= ~한 후 + [나는] + [기다렸다] + 게이트에서 + [가주어] + [되었다] + 탑승 순서가
　　　　　　　　S　　　　V　　　　　　　　　　　　S　　　　V
+ 그래서 + [나는] + [섰다] + 줄을
　　　　　　　S　　　V

ⓒ ~한 후 = After

❶ 나는 + 기다렸다 = I waited
- 게이트에서 = at the gate

❷ 가주어 + 되었다 = it was
- 탑승 순서가 = my turn to board
  - turn : 순서
  - board : 탑승하다 / to board : 탑승할

ⓒ 그래서 = so

❸ 나는 + 섰다 = I got
  - get in line : 줄을 서다
- 줄을 = in line

어순 정리 After I waited at the gate, it was my turn to board, so I got in line.

 # 문장을 더 줄여보자

부사 의미의 접속사(after)가 들어간 문장은 주어와 동사를 변형시켜서 구문으로 바꿀 수 있다. 앞 문장의 주어 'I'와 맨 뒷 문장의 주어 'I'가 중복이므로 앞 문장의 주어는 생략 가능하고, 동사 시제가 같은 과거형이므로 '동사원형 + ing'를 붙여 준다.

After I waited~ → After waiting~

어순 정리 **After waiting at the gate, it was my turn to board, so I got in line.** [문장2개]

5. 10시간 이상 비행은 처음이라 너무 들떴다.

= [나는] + [너무 들떴다] + 왜냐하면 + [가주어] + [~일 것이다] + 처음이라 + 10시
$\quad$ S $\qquad$ V $\qquad\qquad\qquad$ S $\qquad$ V
간 비행은

**❶ 나는 +
너무 들떴다**
= I was so excited

ⓒ 왜냐하면
= because

**❷ 가주어 +
~일 것이다**
= it would be

· 처음이라
= my first

· 10시간 비행은
= flying for ten hours or more
· or more : 대략, ~정도

어순 정리 **I was so excited because it would be my first time flying for ten hours or more.** [문장2개]

5단계 미션클리어

※ 한글 문답을 보고 시간 내에 영어로 말해보기.(20초)

(Korean ver.)

8월 7일 토요일 더움

공항에 도착해서 해외 출국장으로 갔다.

탑승수속을 하고, 탑승권을 받고, 짐을 부쳤다.

신발을 벗고 보안검색대를 통과했다.

게이트에서 대기하다가 탑승 순서가 돼서 줄을 섰다.

10시간 이상 비행은 처음이라 너무 들떴다.

English ver.

Saturday, August 7th hot

I arrived at the airport and went to the gate for international departures.

I checked in, got my boarding pass, and checked my luggage.

I took off my shoes and went through security.

After waiting at the gate, it was my turn to board, so I got in line.

I was so excited because it was going to be my first time flying for ten

hours or more.

오늘의
생활 영어 미션 ㉟

8월 8일 일요일 몹시 더움

나는 비행기에 탑승해서 내 자리를 찾았다.

승무원의 안내와 함께, 기내 수하물도 선반에 실었다.

벨트를 매고, 이륙 후 의자를 조금 뒤로 젖혔다.

시간 때울 겸 미리 스마트폰으로 다운로드 받은 넷플릭스 영화를 감

상했다.

12시간 후 비행기가 히드로공항에 드디어 도착했다.

1단계 동사 찾기

※ 동사는 밑줄로 표시하기.

1. 나는 비행기에 탑승해서 내 자리를 찾았다. (2개)

2. 승무원의 안내와 함께, 기내 수하물도 선반에 실었다. (1개)

3. 벨트를 매고, 이륙 후 의자를 조금 뒤로 젖혔다. (2개)

4. 시간 때울 겸 미리 스마트폰으로 다운로드 받은 넷플릭스 영화를 감상했다. (2개)

5. 12시간 후 비행기가 히드로공항에 드디어 도착했다. (1개)

해답

1. 나는 비행기에 <u>탑승해서</u> 내 자리를 <u>찾았다</u>. (2개)
2. 승무원의 안내와 함께, 기내 수하물도 선반에 <u>실었다</u>. (1개)
3. 벨트를 <u>매고</u>, 이륙 후 의자를 조금 뒤로 <u>젖혔다</u>. (2개)
4. 시간 때울 겸 미리 스마트폰으로 <u>다운로드 받은</u> 넷플릭스 영화를 <u>감상했다</u>. (2개)
5. 12시간 후 비행기가 히드로공항에 드디어 <u>도착했다</u>. (1개)

2단계 주어 찾기

※ 주어를 있는대로 찾아보기(숨어있는 주어 포함).

1. 나는 비행기에 탑승해서 내 자리를 찾았다.　(2개)

[주어]

2. 승무원의 안내와 함께, 기내 수하물도 선반에 실었다.　(1개)

[주어]

3. 벨트를 매고, 이륙 후 의자를 조금 뒤로 젖혔다.　(2개)

[주어]

4. 시간 때울 겸 미리 스마트폰으로 다운로드 받은 넷플릭스 영화를 감상했다.　(2개)

[주어]

5. 12시간 후 비행기가 히드로공항에 드디어 도착했다.　(1개)

[주어]

해답

1. (나는) 비행기에 탑승해서 <나는> 내 자리를 찾았다.　(2개)
2. 승무원의 안내와 함께, <나는> 기내 수하물도 선반에 실었다.　(1개)
3. <나는> 벨트를 매고, <나는> 이륙 후 의자를 조금 뒤로 젖혔다.　(2개)
4. 시간 때울 겸 <나는> 미리 스마트폰으로 다운로드 받은 넷플릭스 영화를 <나는> 감상했다.

　(2개)
5. 12시간 후 (비행기가) 히드로공항에 드디어 도착했다.　(1개)

• 주어 : ( ), 숨은 주어 : < >

160

※ 보기를 이용해 문장을 완성하고, 문장의 구조 파악하기.

1. 나는 비행기에 탑승해서 내 자리를 찾았다.

= [   ] + [   ] + 비행기에 + 그리고 + [   ] + [   ] + 내 자리를
   S   V   S   V

2. 승무원의 안내와 함께, 기내 수하물도 선반에 실었다.

= 승무원의 안내와 함께 + [   ] + [   ] + 기내 수하물도 + 선반에
                         S   V

3. 벨트를 매고, 이륙 후 의자를 조금 뒤로 젖혔다.

= [   ] + [   ] + 벨트를 + 그리고 + [   ] + [   ] + 의자를 + 조금 + 이륙 후
   S   V   S   V

4. 시간 때울 겸 미리 스마트폰으로 다운로드 받은 넷플릭스 영화를 감상했다.

= 시간 때울 겸 + [   ] + [   ] + 넷플릭스 영화를 + ~한 + [   ] + [   ] + 미리 +
                 S   V   S   V

스마트폰으로

5. 12시간 후 비행기가 히드로공항에 드디어 도착했다.

= 12시간 후 + [   ] + [   ] + 드디어 + 히드로 공항에
               S   V

S   I / the plane

V   landed at / fastened / boarded / watched / reclined / found / had download-
     ed / found / stored

※ 어휘를 활용해서 문장 완성하기.

1. 나는 비행기에 탑승해서 내 자리를 찾았다.

= [나는] + [탑승했다] + 비행기에 + 그리고 + [나는] + [찾았다] + 내 자리를
　　　S　　　V　　　　　　　　　　　　　　　　S　　　V

❶ 나는 + 탑승했다

= I boarded
- board the plane : 비행기에 탑승하다

- 비행기에

= the plane

ⓒ 그리고

= and

❷ 나는 + 찾았다

= I found

- 내 자리를

= my seat

(어순 정리) I boarded the plane and I found my seat.

\# 문장을 더 줄여보자

= 동사 병렬 구조
= I boarded and (I) found

(어순 정리) I boarded the plane and found my seat. [문장2개]

162

2. 승무원의 안내와 함께, 기내 수하물도 선반에 실었다.

= 승무원의 + [나는] + [실었다] + 기내 수하물도 + 선반에
　　　　　 S　　　 V

- 승무원의 안내와 함께

= with the flight attendant's instructions
- the flight attendant : 비행 승무원
- instructions : 지시, 안내

❶ 나는 + 실었다

= I stored

- 기내 수하물도

= my carry-on
- carry-on : 기내 수하물

- 선반에

= in the overhead compartments
- overhead : 머리 위
- compartments : 선반, 칸, 공간

어순 정리 **With the flight attendant's instructions, I stored my carry-on in the overhead compartments.** [문장1개]

3. 벨트를 매고, 이륙 후 의자를 조금 뒤로 젖혔다.

= [나는] + [맸다] + 벨트를 + 그리고 + [나는] + [젖혔다] + 의자를 + 조금 + 이륙 후
　 S　　 V　　　　　　　　　　 S　　　 V

❶ 나는 + 맸다

= I fastened
- fastened : ~를 매다, ~를 꽉 고정시키다

- 벨트를

= my seatbelt

ⓒ **그리고**

= and

❷ **나는 + 젖혔다**

= I reclined
- recline : 의자 등을 젖히다

- 의자를

= my seat

- 조금

= a little

- 이륙 후

= after takeoff
- takeoff : (명사) 이륙
- take off : (동사) 이륙하다

어순 정리 I fastened my seatbelt and I reclined my seat a little after takeoff.

\# 문장을 더 줄여보자

= 동사병렬구조
= I put on~ and (I) reclined~

어순 정리 I fastened my seatbelt, and reclined my seat a little after takeoff. [문장2개]

4. 시간 때울 겸 미리 스마트폰으로 다운로드 받은 넷플릭스 영화를 감상했다.

= 시간 때울 겸 + [나는] + [감상했다] + 넷플릭스 영화를 + ~한 + [내가] + [다운받
             S   V   S   V
았다] + 미리 + 스마트폰으로

· 시간 때울 겸	**= To kill time** · ~할 겸 / ~하기 위하여 = to 부정사를 사용한다
① 나는 + 감상했다	**= I watched**
· 넷플릭스 영화를	**= the Netflix movies**
ⓒ ~한	**= that** · 앞의 단어를 수식해주는 문장을 이끄는 형용사 관계 접속 사이다.
② 나는 + 다운받았다	**= I had downloaded** · 다운받은 시기가 시간적으로 앞서므로 had + p.p가 적당 하다.
· 미리	**= beforehand**
· 스마트폰으로	**= on my phone**

어순 정리 **To kill time, I watched the Netflix movies I'd down-
loaded beforehand on my phone.** [문장2개]

5. 12시간 후 비행기가 히드로 공항에 드디어 도착했다.

= 12시간 후 + [비행기가] + [도착했다] + 드디어 + 히드로 공항에
                        S   V

• 12시간 후	= After about twelve hours • 여기서 after는 접속사가 아니라 전치사이다. • about : 대략, 어림잡아
❶ 비행기가 + 도착했다	= the plane landed
• 드디어	= finally • 보통 일반동사 앞에 사용한다.
• 히드로 공항에	= at Heathrow Airport

어순 정리 After about twelve hours, the plane finally landed at Heathrow Airport. [문장1개]

5단계 미션클리어

※ 한글 문답을 보고 시간 내에 영어로 말해보기.(20초)

8월 8일 일요일 몹시 더움

나는 비행기에 탑승해서 내 자리를 찾았다.

승무원의 안내를 받고, 기내 수하물도 선반에 실었다.

벨트를 매고, 이륙 후 의자를 조금 뒤로 젖혔다.

시간 때울 겸 미리 스마트폰으로 다운로드 받은 넷플릭스 영화를 감상했다.

12시간 후 비행기가 히드로공항에 드디어 도착했다.

Sunday, August 8th boiling

I boarded the plane and found my seat.

With the flight attendant's instructions, I stored my carry-on in the overhead compartments.

I fastened my seatbelt, and reclined my seat a little after takeoff.

To kill time, I watched the Netflix movies I'd downloaded beforehand on my phone.

After about twelve hours, the plane finally landed at Heathrow Airport.

오늘의
생활 영어 미션 36

8월 9일 월요일 몹시 더움

히드로공항은 생각보다 사람이 많았다.

우선 호텔까지 가는 공항리무진 표를 샀다.

목적지를 확인하고, 지정된 플랫폼에 가서 리무진을 탔다.

버스 정류장을 확인하고 목적지에서 벨을 누르고 내렸다.

몸은 좀 피곤했지만 호텔에 잘 도착했다.

1단계 동사 찾기

※ 동사는 밑줄로 표시하기.

1. 히드로공항은 생각보다 사람이 많았다. (2개)

2. 우선 호텔까지 가는 공항리무진 표를 샀다. (2개)

3. 목적지를 확인하고, 지정된 플랫폼에 가서 리무진을 탔다. (3개)

4. 버스 정류장을 확인하고 목적지에서 벨을 누르고 내렸다. (3개)

5. 몸은 좀 피곤했지만 호텔에 잘 도착했다. (2개)

해답

1. 히드로공항은 생각보다 사람이 <u>많았다</u>. (2개)
2. 우선 호텔까지 <u>가는</u> 공항리무진 표를 <u>샀다</u>. (2개)
3. 목적지를 <u>확인하고</u>, 지정된 플랫폼에 <u>가서</u> 리무진을 <u>탔다</u>. (3개)
4. 버스 정류장을 확인하고 목적지에서 벨을 <u>누르고</u> <u>내렸다</u>. (3개)
5. 몸은 좀 피곤했지만 호텔에 잘 <u>도착했다</u>. (2개)

2단계   주어 찾기

※ 주어를 있는대로 찾아보기(숨어있는 주어 포함).

1. 히드로공항은 생각보다 사람이 많았다.   (2개)

`주어`

2. 우선 호텔까지 가는 공항리무진 표를 샀다.   (2개)

`주어`

3. 목적지를 확인하고, 지정된 플랫폼에 가서 리무진을 탔다.   (3개)

`주어`

4. 버스 정류장을 확인하고 목적지에서 벨을 누르고 내렸다.   (3개)

`주어`

5. 몸은 좀 피곤했지만 호텔에 잘 도착했다.   (2개)

`주어`

해답

1. (히드로공항은) <내가> 생각보다 사람이 많았다.   (2개)
2. <공항리무진이> 우선 호텔까지 가는 <나는> 공항리무진 표를 샀다.   (2개)
3. <나는> 목적지를 확인하고, <나는> 지정된 플랫폼에 가서 <나는> 리무진을 탔다.   (3개)
4. <나는> 버스 정류장을 확인하고 <나는> 목적지에서 벨을 누르고 <나는> 내렸다.   (3개)
5. <나는> 몸은 좀 피곤했지만 <나는> 호텔에 잘 도착했다.   (2개)

* 주어 : ( ), 숨은 주어 : < >

※ 보기를 이용해 문장을 완성하고, 문장의 구조 파악하기.

1. 히드로공항은 생각보다 사람이 많았다.

= [   ] + [   ] + ~보다 + [   ] + [   ]
    S   V   S   V

2. 우선 호텔까지 가는 공항리무진 표를 샀다.

= 우선 + [   ] + [   ] + 표를 + 공항리무진. [   ] + [   ] + 호텔까지
            S   V   S   V

3. 목적지를 확인하고, 지정된 플랫폼에 가서 리무진을 탔다.

= [   ] + [   ] + 목적지를 + 그리고 + [   ] + [   ] + 지정된 + 플렛폼에 + 그리고
    S   V   S   V

  + [   ] + [   ] + 리무진을
     S   V

4. 버스 정류장을 확인하고 목적지에서 벨을 누르고 내렸다.

= ~한 후 + [   ] + [   ] + 버스 정류장을 + [   ] + [   ] + 벨을 + 목적지에서 +
             S   V   S   V

  그리고 + [   ] + [   ]
           S   V

5. 몸은 좀 피곤했지만 호텔에 잘 도착했다.

= [   ] + [   ] + 좀 + 그러나 + [   ] + [   ] + 잘 + 호텔에
    S   V   S   V

S   I / Heathrow Airport / an airport shuttle

V   arrived / was tired / bought / was more crowded / went / checked / thought / got off / boarded / rang / double checked

4단계 · 문장 다듬기

※ 어휘를 활용해서 문장 완성하기.

1. 히드로공항은 생각보다 사람이 많았다.

= [히드로 공항은] + [사람이 많았다] + ~보다 + [내가] + [생각했다]
       S   V   S   V

❶ 히드로 공항은 + 사람이 많았다

= Heathrow Airport was crowded

ⓒ ~ 보다

= more~ than
- more~ : ~보다 (비교급일 때는 형용사 앞에 온다)
  = more crowded
- than 다음에는 문장이 쓰였으므로 여기서 than은 접속사이다.

❷ 내가 + 생각했다

= I thought

어순 정리 **Heathrow Airport was more crowded than I thought.**
[문장2개]

2. 우선 호텔까지 가는 공항리무진 표를 샀다.

= 우선 + [나는] + [샀다] + 표를 + 공항리무진 + ~한 + [공항리무진이] + [갔다] +
          S   V   S   V
호텔까지

- 우선

= first

172

- 문장 어느 곳이나 올 수 있다.

❶ 나는 + 샀다

- 표를
- 공항리무진

= I bought

= a ticket

= for an airport shuttle
- 의미상 '공항리무진 표'의 의미이므로 'a ticket for an air-port shuttle'에서 'for'를 붙여어야 한다.

❷ 공항리무진이 + 갔다

- 호텔까지

= An airport shuttle went

= to my hotel

(어순 정리) I first bought a ticket for an air-port shuttle.
An airport shuttle went to my hotel.

문장을 더 줄여보자

(주의) 원래는 2개의 문장으로 이루어졌다.
- I first bought a ticket for an airport shuttle.
- An airport shuttle went to my hotel.
위 2개의 문장이 합쳐진 상태인데 일단 두 문장 중 중복되는 단어를 찾는다. 뒤의 'an airport shuttle'은 생략하고 형용사를 이끄는 관계접속사 'that'으로 바꾸어 준다.
- I first bought a ticket for an airport shuttle.
- that went to my hotel.
그럼 이제 2 문장을 그대로 합칠 수가 있다. that은 앞의 an airport shuttle 뒤에 바로 붙여 준다.

(어순 정리) I first bought a ticket for an airport shuttle that went to my hotel. [문장2개]

3. 목적지를 확인하고, 지정된 플랫폼에 가서 리무진을 탔다.

= [나는] + [확인했다] + 목적지를 + 그리고 + [나는] + [갔다] + 지정된 + 플렛폼에
   S   V   S   V
+ 그리고 + [나는] + [탔다] + 리무진을
           S   V

❶ 나는 + 확인했다
= I double checked

- 목적지를
= my destination

ⓒ 그리고 (나서)
= and then

❷ 나는 + 갔다
= I went

- 지정된
= to the designated
  - designate : 지정하다, 지명하다, 표기하다
  - designated : 지정된

- 플랫폼에
= platform

ⓒ 그리고
= and

❸ 나는 + 탔다
= I boarded

- 리무진을
= the shuttle

(어순 정리) I double checked my destination, and then I went to the designated platform and boarded the shuttle.

\# 문장을 더 줄여보자

(주의) 앞 문장은 'and then' 즉, '~하고 나서'라는 의미이므로 시간적인 병렬이 되지 않는다. 그대로 놔두고 뒤의 문장에서

어순 정리 **I double checked my destination, and then went to the designated platform and boarded the shuttle.** [문장3개]

4. 버스 정류장을 확인하고 목적지에서 벨을 누르고 내렸다.

= ~한 후 + [나는] + [확인했다] + 버스 정류장을 + [나는] + [눌렀다] + 벨을 + 목적
                 S   V   S   V
지에서 + 그리고 + [나는] + [내렸다]
                    S   V

ⓒ ~한 후 | = After

❶ 나는 + 확인했다 | = I checked
- 버스 정류장을 | = the bus stop

❷ 나는 + 눌렀다 | = I rang
- 벨을 | = the bell
- 목적지에서 | = at my destination

ⓒ 그리고 | = and

❸ 나는 + 내렸다 | = I got off
- get on : 운송수단에서 타다
- get off : 운송수단에서 내리다

> 어순정리 After I checked the bus stop, I rang the bell at my destination and I got off.

\# 문장을 더 줄여보자

= 동사병렬구조

= I rang~ and (I) got off~

어순정리 **After checking the bus stop, I rang the bell at my destination and got off.** [문장2개]

5. 몸은 좀 피곤했지만 호텔에 잘 도착했다.

= [나는] + [피곤했다] + 좀 + 그러나 + [나는] + [도착했다] + 잘 + 호텔에
    S   V   S   V

❶ 나는 + 피곤했다

  · 좀

= I was tired

= a little

ⓒ 그러나

= but

❷ 나는 + 도착했다

  · 잘

  · 호텔에

= I arrived

= successfully

= at the hotel

어순정리 **I was a little tired, but I arrived successfully at the hotel.** [문장2개]

※ 한글 문답을 보고 시간 내에 영어로 말해보기.(20초)

Korean ver.

8월 9일 월요일 몹시 더움

히드로공항은 생각보다 사람이 많았다.

우선 호텔까지 가는 공항리무진 표를 샀다.

목적지를 확인하고, 지정된 플랫폼에 가서 리무진을 탔다.

버스 정류장을 확인하고 목적지에서 벨을 누르고 내렸다.

몸은 좀 피곤했지만 호텔에 잘 도착했다.

English ver.

Monday, August 9th boiling

Heathrow Airport was more crowded than I thought.

I first bought a ticket for an airport shuttle that went to my hotel.

I double checked my destination, and then went to the designated

platform and boarded the shuttle.

After checking the bus stop, I rang the bell at my destination and got off.

I was a little tired, but I arrived successfully at the hotel.

오늘의 생활 영어 미션 37

8월 10일 화요일 후텁지근함

호텔에 도착해서 체크인을 했다.

예약할 때 등록된 이름을 호텔에 말하니 바로 방을 안내받았다.

카드로 보증금을 내고, 와이파이 비밀번호와 키를 받았다.

아침에는 모닝콜을 해 준다고 해서 6시에 깨워달라고 신청했다.

여행이 피곤했는지, 방에 들어가자마자 금방 쓰러졌다.

1단계   동사 찾기

※ 동사는 밑줄로 표시하기.

1. 호텔에 도착해서 체크인을 했다.   (2개)

2. 예약할 때 등록된 이름을 호텔에 말하니 바로 방을 안내받았다.   (3개)

3. 카드로 보증금을 내고, 와이파이 비밀번호와 키를 받았다.   (2개)

4. 아침에는 모닝콜을 해 준다고 해서 6시에 깨워달라고 신청했다.   (3개)

5. 여행이 피곤했는지, 방에 들어가자마자 금방 쓰러졌다.   (3개)

해답

1. 호텔에 도착해서 체크인을 했다.   (2개)
2. 예약할 때 등록된 이름을 호텔에 말하니 바로 방을 안내받았다.   (3개)
3. 카드로 보증금을 내고, 와이파이 비밀번호와 키를 받았다.   (2개)
4. 아침에는 모닝콜을 해 준다고 해서 6시에 깨워달라고 신청했다.   (3개)
5. 여행이 피곤했는지, 방에 들어가자마자 금방 쓰러졌다.   (3개)

※ 주어를 있는대로 찾아보기(숨어있는 주어 포함).

1. 호텔에 도착해서 체크인을 했다. (2개)

주어

2. 예약할 때 등록된 이름을 호텔에 말하니 바로 방을 안내받았다. (3개)

주어

3. 카드로 보증금을 내고, 와이파이 비밀번호와 키를 받았다. (2개)

주어

4. 아침에는 모닝콜을 해 준다고 해서 6시에 깨워달라고 신청했다. (3개)

주어

5. 여행이 피곤했는지, 방에 들어가자마자 금방 쓰러졌다. (3개)

주어

해답

1. <나는> 호텔에 도착해서 <나는> 체크인을 했다. (2개)
2. 예약할 때 등록된 (이름을) <내가> 호텔에 말하니 <나는> 바로 방을 안내받았다. (3개)
3. <나는> 카드로 보증금을 내고, <나는> 와이파이 비밀번호와 키를 받았다. (2개)
4. <호텔이> 아침에는 모닝콜을 해 준다고 <호텔이> 해서 <나는> 6시에 깨워달라고 신청했다. (3개)
5. <나는> 여행이 피곤했는지, <나는> 방에 들어가자마자 <나는> 금방 쓰러졌다. (3개)

• 주어 : ( ), 숨은 주어 : < >

※ 보기를 이용해 문장을 완성하고, 문장의 구조 파악하기.

1. 호텔에 도착해서 체크인을 했다.

= [   ] + [   ] + ~ 때 + [   ] + [   ] + 호텔에
   S   V   S   V

2. 예약할 때 등록된 이름을 호텔에 말하니 바로 방을 안내받았다.

= [   ] + [   ] + 호텔에 + 이름을,   [   ] + [   ] + 예약에 + 그리고 + [   ] +
   S   V   S   V   S
[   ] + 방을 + 바로
  V

3. 카드로 보증금을 내고, 와이파이 비밀번호와 키를 받았다.

= [   ] + [   ] + 보증금을 + 카드로 + 그리고 + [   ] + [   ] + 와이파이 비밀번호
   S   V   S   V
와 키를

4. 아침에는 모닝콜을 해 준다고 해서 6시에 깨워달라고 신청했다.

= [   ] + [   ] + ~를 + [   ] + [   ] + 모닝콜을 + 아침에는 + 그래서 + [   ]
   S   V   S   V   S
+ [   ] + 모닝콜을 + 6시에
    V

5. 여행이 피곤했는지, 방에 들어가자마자 금방 쓰러졌다.

= [   ] + [   ] + 여행이 + 왜냐하면 + [   ] + [   ] + ~하자마자 + [   ] +
   S   V   S   V   S
[   ] + 방에
  V

보기

S   I / They / my name

V   said / paid / told / checked in / passed out / registered / must have been tired
      / was given / would give me / entered / received / was directed to / arrived

※ 어휘를 활용해서 문장 완성하기.

1. 호텔에 도착해서 체크인을 했다.

= [나는] + [체크인을 했다] + ~ 때 + [내가] + [도착했다] + 호텔에
   S   V   S   V

❶ 나는 +
체크인을 했다

   = I checked in
   • check in : 호텔에 머물다

ⓒ ~때

   = when
   • upon ~ing로 바꿀 수 있다.

❷ 내가 + 도착했다
   • 호텔에

   = I arrived

   = at the hotel

어순 정리 **I checked in upon arriving at the hotel.** [문장1개]

2. 예약할 때 등록된 이름을 호텔에 말하니 바로 방을 안내받았다.

= [내가] + [말했다] + 호텔에 + 이름을,　[이름을] + [등록되었다] + 예약에 + 그리
   S   V   S   V
고 + [나는] + [안내받았다] + 방을 + 바로
        S   V

❶ 내가 + 말했다 = I told

· 호텔에 = them

· 이름을 = my name

❷ 이름이 + 등록되었다 = my name was given

· 예약에 = for my reservation

ⓒ 그리고 = and

❸ 나는 + 안내받았다 = I was directed to

· be directed to ~ : ~로 안내 받다

· 방을 = my room

· 바로 = right away

(어순 정리) **I told them my name, my name was given for my reservation and I was directed to my room right away.**

문장을 더 줄여보자

(주의) 위의 문장에서 'my name'이란 단어가 중복되므로 뒤의 'my name'을 'which'로 바꿔주고 두 문장을 결합한다.

which : 형용사절 관계 접속사

I told them my name which was given for my reservation, and I was directly to my room right away.
[문장3개]

3. 카드로 보증금을 내고, 와이파이 비밀번호와 키를 받았다.

= [나는] + [지불했다] + 보증금을 + 카드로 + 그리고 + [나는] + [받았다] + 와이파
   S   V   S   V
이 비밀번호와 키를

❶ 나는 + 지불했다

- 보증금을

- 카드로

ⓒ 그리고

❷ 나는 + 받았다

- 와이파이 비밀번호와 키를

= I paid · pay : 지불하다
= the deposit · deposit : 보증금
= with my card
= and
= I received
= the Wi-Fi password and a key

I paid the deposit with my card, and received the Wi-Fi password and a key. [문장2개]

184

4. 아침에는 모닝콜을 해 준다고 해서 6시에 깨워달라고 신청했다.

= [그들은] + [말했다] + ~를 + [그들이] + [해줄 것이다] + 모닝콜을 + 아침에는 +
     S   V   S   V
그래서 + [나는] + [신청했다] + 모닝콜을 + 6시에
           S   V

❶ 그들은 + 말했다

= They said

ⓒ ~를

= that
- 앞의 동사의 목적어 구실을 하는 문장을 이끄는 명사 관계 접속사이다. 생략 가능하다.

❷ 그들이 + 해줄 것이다

= they would give me
- give me a wake-up call : (내게) 모닝콜을 하다

- 모닝콜을

= a wake-up call

- 아침에는

= in the morning

ⓒ 그래서

= so

❸ 나는 + 신청했다

= I registered

- 모닝콜을

= for one

- 6시에

= at 6

어순 정리 They said they would give me a wake-up call in the morning, so I registered for one at 6. [문장3개]

5. 여행이 피곤했는지, 방에 들어가자마자 금방 쓰러졌다.

= [나는] + [피곤했었나 보다] + 여행이 + 왜냐하면 + [나는] + [쓰러졌다] + ~하자
   S   V   S   V
마자 + [내가] + [들어갔다] + 방에
       S   V

❶ 나는 + 피곤했었나 보다

= I must have been tired
- must have been ~ : ~였음에 틀림없다, ~했었나 보다

- 여행이

= from the journey

ⓒ 왜냐하면

= because

❷ 나는 + 쓰러졌다

= I passed out
- pass out : 기절하다

ⓒ ~하자마자

= as soon as

❸ 내가 + 들어갔다

= I entered

- 방에

= my room

어순 정리 I must have been tired from the journey, because I passed out as soon as I entered my room. [문장3개]

186

5단계 미션클리어

※ 한글 문답을 보고 시간 내에 영어로 말해보기.(20초)

Korean ver.

8월 10일 화요일 후텁지근함

호텔에 도착해서 체크인을 했다.

예약할 때 등록된 이름을 호텔에 말하니 바로 방을 안내받았다.

카드로 보증금을 내고, 와이파이 비밀번호와 키를 받았다.

아침에는 모닝콜을 해 준다고 해서 6시에 깨워달라고 신청했다.

여행이 피곤했는지, 방에 들어가자마자 금방 쓰러졌다.

English ver.

Tuesday, August 10th muggy

I checked in upon arriving at the hotel.

I told them my name which was given for the reservation, and I was

directed to my room right away.

I paid the deposit with my card, and received the wifi password and a key.

They said they would give me a wake-up call in the morning, so I registered

for one at 6.

I must have been tired from the journey, because I passed out as soon as

I entered my room.

오늘의 생활 영어 미션 37   187

오늘의
생활 영어 미션 ㉘

8월 18일 수요일 습함

오늘이 영국에서의 마지막 날이다.

버킹검궁, 빅벤, 런던아이 등 가볼 만한 관광지는 다 돌아본 것 같았다.

맛집도 많이 가 봤고 사진도 엄청 찍었다.

내일 계획은 파리로 출발할 예정이라 저녁에는 또 짐을 싸야 한다.

숙소에 들어가기 전에 런던 기념품을 샀다.

1단계   동사 찾기

※ 동사는 밑줄로 표시하기.

1. 오늘이 영국에서의 마지막 날이다.   (1개)

2. 버킹검궁, 빅벤, 런던아이 등 가볼 만한 관광지는 다 돌아본 것 같았다.   (2개)

3. 맛집도 많이 가 봤고 사진도 엄청 찍었다.   (2개)

4. 내일 계획은 파리로 출발할 예정이라 저녁에는 또 짐을 싸야 한다.   (2개)

5. 숙소에 들어가기 전에 런던 기념품을 샀다.   (2개)

해답

1. 오늘이 영국에서의 마지막 날<u>이다</u>.   (1개)
2. 버킹검궁, 빅벤, 런던아이 등 <u>가볼 만한</u> 관광지는 다 <u>돌아본 것</u> 같았다.   (2개)
3. 맛집도 많이 <u>가</u> 봤고 사진도 엄청 <u>찍었다</u>.   (2개)
4. 내일 계획은 파리로 <u>출발할</u> 예정이라 저녁에는 또 짐을 <u>싸야</u> 한다.   (2개)
5. 숙소에 <u>들어가기</u> 전에 런던 기념품을 <u>샀다</u>.   (2개)

2단계 **주어 찾기**

※ 주어를 있는대로 찾아보기(숨어있는 주어 포함).

1. 오늘이 영국에서의 마지막 날<u>이다</u>. (1개)

주어

2. 버킹검궁, 빅벤, 런던아이 등 가볼 만한 관광지는 다 <u>돌아본</u> 것 같았다. (2개)

주어

3. 맛집도 많이 가 봤고 사진도 엄청 <u>찍었다</u>. (2개)

주어

4. 내일 계획은 파리로 출발할 <u>예정이라</u> 저녁에는 또 짐을 <u>싸야 한다</u>. (2개)

주어

5. 숙소에 <u>들어가기</u> 전에 런던 기념품을 <u>샀다</u>. (2개)

주어

해답

1. (오늘이) 영국에서의 마지막 날<u>이다</u>. (1개)
2. <나는> 버킹검궁, 빅벤, 런던아이 등 가볼 만한 관광지는 다 돌아본 것 <나는> 같았다. (2개)
3. <나는> 맛집도 많이 가 봤고 <나는> 사진도 엄청 찍었다. (2개)
4. 내일 (계획은) 파리로 출발할 예정이라 <나는> 저녁에는 또 짐을 싸야 한다. (2개)
5. <나는> 숙소에 들어가기 전에 <나는> 런던 기념품을 샀다. (2개)

• 주어 : ( ), 숨은 주어 : < >

문장 구조 파악하기

※ 보기를 이용해 문장을 완성하고, 문장의 구조 파악하기.

1. 오늘이 영국에서의 마지막 날이다.

= [   ] + [   ] + 마지막 날 + 영국에서의
    S   V

2. 버킹검궁, 빅벤, 런던아이 등 가볼 만한 관광지는 다 돌아본 것 같았다.

= [   ] + [   ] + ~인 것 + [   ] + [   ] + 관광지는 다 + 가볼만한 + 버킹검궁, 빅
    S   V   S   V

벤, 런던아이 등

3. 맛집도 많이 가 봤고 사진도 엄청 찍었다.

= 또한 + [   ] + [   ] + 많은 맛집을 + 그리고 + [   ] + [   ] + 많은 사진을
         S   V   S   V

4. 내일 계획은 파리로 출발할 예정이라 저녁에는 또 짐을 싸야 한다.

= [   ] + [   ] + 파리로 + 내일 + 그래서 + [   ] + [   ] + 짐을 + 또 + 저녁에는
    S   V   S   V

5. 숙소에 들어가기 전에 런던 기념품을 샀다.

= ~하기 전에 + [   ] + [   ] + 숙소로 + [   ] + [   ] + 런던 기념품을
           S   V   S   V

S   I / The plan / Today

V   is / went back to / have been to / have to pack / bought / took / think / is to
leave for

4단계   문장 다듬기

※ 어휘를 활용해서 문장 완성하기.

1. 오늘이 영국에서의 마지막 날이다.

= [오늘은] + [~이다] + 마지막 날 + 영국에서의
    S   V

❶ 오늘은 + ~이다

= Today is
• 마지막 날   = my last day   • (내) 마지막 날 : 최상급이지만 'the'를 안 붙임.
• 영국에서의   = in England

어순 정리 **Today is my last day in England.** [문장1개]

2. 버킹검궁, 빅벤, 런던아이 등 가볼 만한 관광지는 다 돌아본 것 같았다.

= [나는] + [같았다] + ~인 것 + [나는] + [돌아보았다] + 관광지는 다 + 가볼만한 +
    S   V   S   V
버킹검궁, 빅벤, 런던아이 등

❶ 나는 + ~같았다

= I think

ⓒ ~인 것

= that • 앞의 'I think'의 목적어 의미의 역할을 하는 명사절을 이끄

는 접속사이다. 생략가능하다.

**❷ 나는 +
돌아보았다**

= **I have been to**
[조의] 보통 '~가보다, 돌아보다'라고 할때는 'go'보다는 'be/
have been' 동사를 사용한다.

· 관광지는 다

= **all the tourist attractions**
· tourist attraction, the sights : 관광지

· 가볼만한

= **worth visiting**
· worth + (명사)형 : ~할 만한 가치가 있는

· 버킹검궁, 빅벤, 런던아이 등

= **such as Buckingham Palace, Big Ben and the
London Eye**
· such as : ~와 같은, 예를 들어

어순 정리 **I think I've been to all the tourist attractions worth
visiting such as Buckingham Palace, Big Ben and
the London Eye.** [문장2개]

3. 맛집도 많이 가 봤고 사진도 엄청 찍었다.

= 또한 + [나는] + [가보았다] + 많은 맛집을 + 그리고 + [나는] + [찍었다] + 많은 사
　　　　　S　　　　V　　　　　　　　　　　　　　　S　　　　V
진을

· 또한

= **also**
· 문장 앞에 위치할 수 있다.

❶ 나는 + 가보았다　　= I have been to

　• 많은 맛집을　　= lots of restaurants

ⓒ 그리고　　= and

❷ 나는 + 찍었다　　= I took

　　　　　　　　　　• take a picture : 사진을 찍다

　• 많은 사진을　　= tons of pictures

　　　　　　　　　　• tons of ~ : 많은

어순정리 **Also I've been to lots of restaurants and took tons of pictures.** [문장2개]

4. 내일 계획은 파리로 출발할 예정이라 저녁에는 또 짐을 싸야 한다.

= [계획은] + [출발할 예정이다] + 파리로 + 내일 + 그래서 + [나는] + [싸야 한다] +
　　 S　　　　　V　　　　　　　　　　　　　　　　　　　 S　　　 V
짐을 + 또 + 저녁에는

❶ 계획은 +
출발할 예정이다
　　　　　　　= The plan is to leave for

　　　　　　　• 원래 문장은 '내일 계획'이라고 했지만, 'tomorrow plan'은
　　　　　　　　어감상 어색하다. 따라서 'tomorrow'는 뒤로 빼준다.

　　　　　　　• leave for ~ : ~를 향해서 출발하다

　• 파리로　　= Paris

194

- 내일

= tomorrow

ⓒ 그래서

= so

❷ 나는 + 싸야 한다

= I have to pack

- 짐을

= my bags

- 또

= again

- 저녁에는

= this evening

어순 정리 **The plan is to leave for Paris tomorrow, so I have to pack my bags again this evening.** [문장2개]

5. 숙소에 들어가기 전에 런던 기념품을 샀다.

= ~하기 전에 + [나는] + [들어갔다] + 숙소로 + [나는] + [샀다] + 런던 기념품을
　　　　　　　　 S　　　 V　　　　　　　　 S　　　 V

ⓒ ~하기 전에

= Before

❶ 나는 + 들어갔다

= I went back to

- 숙소로

= my room

❷ 나는 + 샀다

= I bought

· 런던 기념품을

= a souvenir of London

(어순 정리) **Before I went back to my room, I bought a souvenir of London.**

문장을 더 줄여보자

부사 의미의 접속사(Before)가 들어간 문장은 주어와 동사를 변형시켜서 구문으로 바꿀 수 있다. 앞 문장의 주어 'I'와 맨 뒷 문장의 주어 'I'가 중복이므로 앞 문장의 주어는 조건절이므로 생략 가능하고, 동사 시제가 같은 과거형이므로 '동사원형 + ing'를 붙여준다.

Before I went back~ → Before going back~

(어순 정리) **Before going back to my room, I bought a souvenir of London.** [문장1개]

5단계 미션클리어

※ 한글 문답을 보고 시간 내에 영어로 말해보기.(20초)

(Korean ver.)

8월 18일 수요일 습함

오늘이 영국에서의 마지막 날이다.

버킹검궁, 빅벤, 런던아이 등 가볼 만한 관광지는 다 돌아본 것 같았다.

맛집도 많이 가 봤고 사진도 엄청 찍었다.

내일 계획은 파리로 출발할 예정이라 저녁에는 또 짐을 싸야 한다.

숙소에 들어가기 전에 런던 기념품을 샀다.

(English ver.)

Wednesday, August 18th humid

Today is my last day in England.

I think I've been to all the tourist attractions worth visiting such as

Buckingham Palace, Big Ben and the London Eye.

Also I've been to lots of restaurants and took tons of pictures.

The plan is to leave for Paris tomorrow, so I have to pack my bags again

this evening.

Before going back to my room, I bought a souvenir of London.

오늘의
생활 영어 미션 ㉟

8월 19일 목요일 습함

버스로 도버 해협을 지나는 건 1시간 30분밖에 안 걸렸다.

프랑스는 분위기가 영국과 많이 달랐다.

파리는 처음이라 먼저 시내 지도를 받고, 1일 교통패스를 구매했다.

관광 안내센터에서 얻은 관광지 정보로 시내 관광을 했다.

에펠탑에서 사진도 찍다가 핀란드에서 온 친구들을 사귀었다.

※ 동사는 밑줄로 표시하기.

1. 버스로 도버 해협을 지나는 건 1시간 30분밖에 안 걸렸다.   (1개)

2. 프랑스는 분위기가 영국과 많이 달랐다.   (1개)

3. 파리는 처음이라 먼저 시내 지도를 받고, 1일 교통패스를 구매했다.   (3개)

4. 관광 안내센터에서 얻은 관광지 정보로 시내 관광을 했다.   (2개)

5. 에펠탑에서 사진도 찍다가 핀란드에서 온 친구들을 사귀었다.   (3개)

해답

1. 버스로 도버 해협을 지나는 건 1시간 30분밖에 안 <u>걸렸다</u>.   (1개)
2. 프랑스는 분위기가 영국과 많이 <u>달랐다</u>.   (1개)
3. 파리는 <u>처음이라</u> 먼저 시내 지도를 <u>받고</u>, 1일 교통패스를 <u>구매했다</u>.   (3개)
4. 관광 안내센터에서 <u>얻은</u> 관광지 정보로 시내 <u>관광을 했다</u>.   (2개)
5. 에펠탑에서 사진도 <u>찍다가</u> 핀란드에서 <u>온</u> 친구들을 <u>사귀었다</u>.   (3개)

※ 주어를 있는대로 찾아보기(숨어있는 주어 포함).

1. 버스로 도버 해협을 지나는 건 1시간 30분밖에 안 <u>걸렸다</u>. (1개)

주어

2. 프랑스는 분위기가 영국과 많이 <u>달랐다</u>. (1개)

주어

3. 파리는 <u>처음이라</u> 먼저 시내 지도를 <u>받고</u>, 1일 교통패스를 <u>구매했다</u>. (3개)

주어

4. 관광 안내센터에서 <u>얻은</u> 관광지 정보로 시내 <u>관광을 했다</u>. (2개)

주어

5. 에펠탑에서 사진도 <u>찍다가</u> 핀란드에서 <u>온</u> 친구들을 <u>사귀었다</u>. (3개)

주어

해답

1. (버스로 도버 해협을 지나는 건) 1시간 30분밖에 안 <u>걸렸다</u>. (1개)
2. (프랑스는) 분위기가 영국과 많이 <u>달랐다</u>. (1개)
3. <가주어> 파리는 <u>처음이라</u> <나는> 먼저 시내 지도를 <u>받고</u>, <나는> 1일 교통패스를 <u>구매했</u>
다. (3개)
4. <나는> 관광 안내센터에서 <u>얻은</u> 관광지 정보로 <나는> 시내 <u>관광을 했다</u>. (2개)
5. <나는> 에펠탑에서 사진도 <u>찍다가</u> <친구들은> 핀란드에서 <u>온</u> <나는> 친구들을 <u>사귀었다</u>. (3개)

＊주어 : ( ), 숨은 주어 : <   >

3단계 문장 구조 파악하기

※ 보기를 이용해 문장을 완성하고, 문장의 구조 파악하기.

1. 버스로 도버 해협을 지나는 건 1시간 30분밖에 안 걸렸다.

= [   ] + [   ] + 1시간 30분밖에
    S   V

2. 프랑스는 분위기가 영국과 많이 달랐다.

= [   ] + [   ] + 분위기가 많이 + 영국과
    S   V

3. 파리는 처음이라 먼저 시내 지도를 받고, 1일 교통패스를 구매했다.

= ~ 때문에 + [   ] + [   ] + 처음이라 + 파리는 + [   ] + [   ] + 시내 지도를 + 그
               S   V   S   V

리고 + [   ] + [   ] + 1일 교통패스를
        S   V

4. 관광 안내센터에서 얻은 관광지 정보로 시내 관광을 했다.

= 관광지 정보로 + ~한 + [   ] + [   ] + 관광 안내 센터에서 + [   ] + [   ] + 시내
                         S   V   S   V

5. 에펠탑에서 사진도 찍다가 핀란드에서 온 친구들을 사귀었다.

= ~하면서 + [   ] + [   ] + 사진을 + 에펠탑에서 + [   ] + [   ] + 친구들을.
            S   V   S   V

[   ] + [   ] + 핀란드에서
   S   V

보기

S   I / it / France / Crossing the Strait of Dover by bus / Friends

V   was / received / took / had / went sightseeing / had come / got / made / purchased

4단계 문장 다듬기

※ 어휘를 활용해서 문장 완성하기.

1. 버스로 도버 해협을 지나는 건 1시간 30분밖에 안 걸렸다.

= [버스로 도버 해협을 지나는 것은] + [걸렸다] + 1시간 30분밖에
                         S   V

❶ 버스로 도버 해협을 지나는 것은 + 걸렸다

= Crossing the Strait of Dover by bus took
- 긴 문장이 주어일때는 보통 가주어 'it'를 주어로 사용해서 뒤로 빼는 것이 일반적이지만, 보통 '~ing' 형태를 주어로 쓰기도 한다.
- take + 시간 : 시간이 걸리다
- Strait : 해협

- 1시간 30분밖에

= only an hour and thirty munutes
- '~밖에'라는 의미이므로 'only'를 붙여주면 적당하다.

어순 정리 Crossing the Strait of Dover by bus took only an hour and thirty minutes. [문장1개]

2. 프랑스는 분위기가 영국과 많이 달랐다.

= [프랑스는] + [달랐다] + 분위기가 많이 + 영국과
    S   V

❶ 프랑스는 +
달랐다

= **France had**
- '다르다'라고 하면 보통 'be different'를 사용해야 하지만, '분위기가 다르다' 즉, '다른 분위기를 가졌다'라는 의미로 바꾸어 사용할 수 있으므로 동사는 'have' 동사로 대신해도 자연스럽다.

- 분위기가 많이

= **a very different atmosphere**
- atmosphere : 분위기, 기운

- 영국과

= **compared to England**
- '영국과'라는 표현은 여기에서는 '영국과 비교해서'라는 의미로 볼 수 있다.

주의
- France had a very different atmosphere.
  France was compared to England.
- France had a very different atmosphere.
  which was compared to England.
  (두 문장에서 France 단어가 중복이므로 which로 바꾸어 준다.)
- France had a very different atmosphere.
  (which was) compared to England.
  (두 문장을 합칠 경우 which + be 동사는 생략 가능하다.)
- France had a very different atmosphere compared to England.
  ('compared to~'는 이렇게 앞의 어떤 단어와 함께 쓰여서 '~비교해서'라는 의미로 관용적으로 많이 쓰인다.)
- compare : 비교하다

France had a very different atmosphere compared to England. [문장1개]

3. 파리는 처음이라 먼저 시내 지도를 받고, 1일 교통패스를 구매했다.

= ~ 때문에 + [가주어] + [~이었다] + 처음이라 + 파리는 + [나는] + [받았다] + 시내
　　　　　　　　S　　　　V　　　　　　　　　　　　　　　S　　　V
지도를 + 그리고 + [나는] + [구매했다] + 1일 교통패스를
　　　　　　　　　S　　　　V

© **~ 때문에** | = Since

❶ **가주어 + ~이었다** | = it was

· 처음이라 | = my first time

· 파리는 | = in Paris

❷ **나는 + 받았다** | = I got

· 시내지도를 | = a map of the city

© **그리고** | = and

❸ 나는 + 구매했다

- 1일 교통패스를

= I purchased
= a one-day transportation pass
어순정리 Since it was my first time in Paris, I got a map of the city and I purchased a one-day transportation pass.

문장을 더 줄여보자

= 동사병렬구조
= I got~ and (I) purchased~

어순정리 Since it was my first time in Paris, I got a map of the city and purchased a one-day transportation pass.

[문장3개]

4. 관광 안내센터에서 얻은 관광지 정보로 시내 관광을 했다.

= 관광지 정보로 + ~한 + [내가] + [받았다] + 관광 안내 센터에서 + [나는] + [관광
　　　　　　　　　　 S　　　 V　　　　　　　　　　　　　　　 S
을 했다] + 시내
 V

- 관광지 정보로

= With the information
= that
• 앞의 단어를 수식해주는 문장을 이끄는 형용사 관계 접속 사이다. 생략 가능하다.

◉ ~한

❶ 내가 + 받았다

= I received

- 관광 안내 센터에서

= from the tourist help center

❷ 나는 + 관광을 했다

= I went sightseeing

- 관광하다 : go sightseeing

- 시내

= downtown

- 부사이며 앞에 전치사가 붙지 않는다.

어순 정리 **With the information I received from the tourist help center, I went sightseeing downtown.** [문장2개]

5. 에펠탑에서 사진도 찍다가 핀란드에서 온 친구들을 사귀었다.

= ~하면서 + [나는] + [찍었다] + 사진을 + 에펠탑에서 + [나는] + [사귀었다] + 친
$\quad\quad\quad\quad$ S $\quad\quad$ V $\quad\quad\quad\quad\quad\quad\quad\quad\quad\quad\quad\quad$ S $\quad\quad$ V
구들을 + ~한 + [친구들은] + [왔다] + 핀란드에서
$\quad\quad\quad\quad\quad$ S $\quad\quad$ V

ⓒ ~하면서

= While

❶ 나는 + 찍었다

= I took

- take pictures : 사진을 찍다

- 사진을

= pictures

- 에펠탑에서

= at the Eiffel Tower

❷ 나는 + 사귀었다

= I made
- make friends : 친구를 사귀다

- 친구들을

= friends

❸ 친구들은 + 왔다

= Friends had come
- come from~ : ~에서 오다 = ~출신이다

- 핀란드에서

= from Finland

어순 정리 While I took pictures at the Eiffel Tower, I made friends. Friends had come from Finland.

\# 문장을 더 줄여보자

뒤의 2개 문장에서
- I made friends.
  Friends had come from Finland. (friends 단어 중복)
- I made friends,
  <u>who</u> had come from Finland.
  (두 문장에서 friends 단어가 중복이므로 who로 바꾼다.)
- I made friends who had come from Finland.

어순 정리 While I took pictures at the Eiffel Tower, I made friends who had come from Finland.

\# 문장을 더 줄여보자

맨 앞에 부사 의미의 접속사(While)가 들어간 문장은 주어와 동사를 변형시켜서 구문으로 바꾸어 준다. 앞 문장의 주어 'I' 와 맨 뒷 문장의 주어 'I'가 중복이므로 앞 문장의 주어는 조건 절이므로 생략 가능하고, 동사 시제가 같은 과거형이므로 '동 사원형 + ing'를 붙여준다.

While I took pictures~ → While taking pictures~

어순 정리 **While taking pictures at the Eiffel Tower, I made friends who had come from Finland.** [문장2개]

5단계 미션클리어

※ 한글 문답을 보고 시간 내에 영어로 말해보기.(20초)

Korean ver.

8월 19일 목요일 습함

버스로 도버 해협을 지나는 건 1시간 30분밖에 안 걸렸다.

프랑스는 분위기가 영국과 많이 달랐다.

파리는 처음이라 먼저 시내 지도를 받고, 1일 교통패스를 구매했다.

관광 안내센터에서 얻은 관광지 정보로 시내 관광을 했다.

에펠탑에서 사진도 찍다가 핀란드에서 온 친구들을 사귀었다.

English ver.

Thursday, August 19th humid

Crossing the Strait of Dover by bus took only an hour and thirty minutes.

France had a very different atmosphere compared to England.

Since it was my first time in Paris, I got a map of the city and purchased a one-day transportation pass.

With the information I received from the tourist help center, I went sightseeing downtown. While taking pictures at the Eiffel Tower, I made friends who had come from Finland.

오늘의
생활 영어 미션 ④O

8월 30일 월요일 더움

어제 파리 시내를 관광했다.

관광을 다 하고, 기념품 가게에 들렸다.

난 여행을 가면, 방문한 나라별로 기념품을 모은다.

나중에 기념품을 보면 내가 어디 갔었는지 한눈에 알 수 있어서 좋다.

멀리 떠나오니 많이들 그리웠고 내 주변이 얼마나 소중하다는 것을

깨달은 것 같다.

※ 동사는 밑줄로 표시하기.

1. 어제 파리 시내를 관광했다.   (1개)

2. 관광을 다 하고, 기념품 가게에 들렸다.   (2개)

3. 난 여행을 가면, 방문한 나라별로 기념품을 모은다.   (3개)

4. 나중에 기념품을 보면 내가 어디 갔었는지 한눈에 알 수 있어서 좋다.   (4개)

5. 멀리 떠나오니 많이들 그리웠고 내 주변이 얼마나 소중하다는 것을 깨달은 것 같다.

     (5개)

해답

1. 어제 파리 시내를 <u>관광했다</u>.   (1개)

2. 관광을 다 <u>하고</u>, 기념품 가게에 <u>들렸다</u>.   (2개)

3. 난 여행을 <u>가면</u>, <u>방문한</u> 나라별로 기념품을 <u>모은다</u>.   (3개)

4. 나중에 기념품을 <u>보면</u> 내가 어디 <u>갔었는지</u> 한눈에 <u>알</u> 수 있어서 <u>좋다</u>.   (4개)

5. 멀리 <u>떠나오니</u> 많이들 <u>그리웠고</u> 내 주변이 얼마나 <u>소중하다는</u> 것을 <u>깨달은</u> 것 <u>같다</u>.   (5개)

2단계 · 주어 찾기

※ 주어를 있는대로 찾아보기(숨어있는 주어 포함).

1. 어제 파리 시내를 <u>관광했다</u>. (1개)

주어

2. 관광을 다 <u>하고</u>, 기념품 가게에 <u>들렸다</u>. (2개)

주어

3. 난 여행을 <u>가면</u>, <u>방문한</u> 나라별로 기념품을 <u>모은다</u>. (3개)

주어

4. 나중에 기념품을 <u>보면</u> 내가 어디 <u>갔었는지</u> 한눈에 <u>알 수 있어서</u> <u>좋다</u>. (4개)

주어

5. 멀리 <u>떠나오니</u> 많이들 <u>그리웠고</u> 내 주변이 얼마나 <u>소중하다는</u> 것을 <u>깨달은</u> 것 <u>같다</u>.

주어 (5개)

해답

1. 어제 <나는> 파리 시내를 관광했다. (1개)
2. <나는> 관광을 다 하고, <나는> 기념품 가게에 들렸다. (2개)
3. (난) 여행을 가면, <내가> 방문한 나라별로 <나는> 기념품을 모은다. (3개)
4. <나는> 나중에 기념품을 보면 (내가) 어디 갔었는지 <내가> 한 눈에 알 수 있어서
   <나는>좋다. (4개)
5. <내가> 멀리 떠나오니 <나는> 많이들 그리웠고 (내 주변이) 얼마나 소중하다는 것을
   <나는> 깨달은 것 <나는> 같다. (5개)

* 주어 : ( ), 숨은 주어 : < >

3단계 문장 구조 파악하기

※ 보기를 이용해 문장을 완성하고, 문장의 구조 파악하기.

1. 어제 파리 시내를 관광했다.

= 어제 + [　　　] + [　　　] + 파리 시내를
　　　　　　　S　　　　　V

2. 관광을 다 하고, 기념품 가게에 들렸다.

= ~ 하고 + [　　　] + [　　　] + 관광을 다 + [　　　] + [　　　] + 기념품 가게에
　　　　　　　　S　　　　　V　　　　　　　　　　S　　　　　V

3. 난 여행을 가면, 방문한 나라별로 기념품을 모은다.

= ~할 때 + [　　　] + [　　　] + 여행을 + [　　　] + [　　　] + 기념품을 + 나라별로 + ~한 +
　　　　　　　S　　　　　V　　　　　　　S　　　　　V

[　　　] + [　　　]
　S　　　　　V

4. 나중에 기념품을 보면 내가 어디 갔었는지 한눈에 알 수 있어서 좋다.

= ~할 때 + [　　　] + [　　　] + 기념품을 + 나중에 + [　　　] + [　　　] + ~을 + [　　　] +
　　　　　　　S　　　　　V　　　　　　　　　　　S　　　　　V　　　　　　　S

[　　　] + ~한 곳을 + [　　　] + [　　　] + 한 눈에
　V　　　　　　　　　S　　　　　V

5. 멀리 떠나오니 많이들 그리웠고 내 주변이 얼마나 소중하다는 것을 깨달은 것 같다.

= [　　　] + [　　　] + 그들을 + 많이 + ~해보니 + [　　　] + [　　　] + 멀리 + 그리고 + [　　　]
　S　　　　　V　　　　　　　　　　　　　　　　S　　　　　V　　　　　　　　　　　S

+ [　　　] + ~인 것 + [　　　] + [　　　] + 얼마나 + 소중하다는 것을 + [　　　] + [　　　] +
　V　　　　　　　　　S　　　　　V　　　　　　　　　　　　　　　　S　　　　　V

나에게

S I / they

V think / are / go on / took in / like / have realized / stopped by / missed / can
tell / collect / went sightseeing / have been / look at / visit / travelled

※ 어휘를 활용해서 문장 완성하기.

1. 어제 파리 시내를 관광했다.

= 어제 + [나는] + [관광했다] + 파리 시내를
　　　　　S　　　　V

- 어제　　　　　　　　= Yesterday

❶ **나는 + 관광했다**　　= I went sightseeing
- 파리 시내를　　　　= downtown in Paris

───────────────────────────────

어순 정리　**Yesterday, I went sightseeing downtown in Paris.**
　　　　　　[문장1개]

2. 관광을 다 하고, 기념품 가게에 들렸다.

= ~ 하고 + [나는] + [~했다] + 관광을 다 + [나는] + [들렸다] + 기념품 가게에
　　　　　　S　　　V　　　　　　　　　S　　　V

Ⓒ **~하고**　　　　　= After

❶ **나는 + ~했다**　　= I took in
- take in the sights : 명소를 구경하다, 관광하다
- 관광을 다　　　　= all the sights

❷ 나는 + 들렸다

= I stopped by
· drop by : 들리다, 잠시 방문하다

· 기념품 가게에

= a souvenir shop

어순정리 **After taking in all the sights, I stopped by a souvenir shop.** [문장1개]

3. 난 여행을 가면, 방문한 나라별로 기념품을 모은다.

= ~할 때 + [나는] + [가다] + 여행을 + [나는] + [모은다] + 기념품을 + 나라별로 +
              S   V   S   V

~한 + [나는] + [방문한다]
       S   V

ⓒ ~할 때

= When

❶ 나는 + 가다

= I go on
· go on a trip : 여행가다

· 여행을

= a trip

❷ 나는 + 모은다

· 기념품을

= I collect

= souvenirs

· 나라별로

= for each country

· ~한

= that
· 앞의 단어를 수식해주는 문장을 이끄는 형용사 관계 접속 사이다. 생략 가능하다.

❸ 나는 + 방문한다　　= I visit

어순 정리 **When I go on a trip, I collect souvenirs for each country I visit.** [문장3개]

4. 나중에 기념품을 보면 내가 어디 갔었는지 한눈에 알 수 있어서 좋다.

= ~할 때 + [나는] + [보다] + 기념품을 + 나중에 + [나는] + [좋다] + ~을 + [내가] +
　　　　　　S　　V　　　　　　　　　　　　　S　　V　　　　　　S

[알 수 있다] + ~한 곳을 + [나는] + [갔었다] + 한 눈에
　V　　　　　　　　　　S　　　V

ⓒ ~할 때　　= When

❶ 나는 + 보다　　= I look at

・기념품을　　= them
　　　　　　・위의 문장에서 나온 단어이므로 중복을 피하기 위해 대명
　　　　　　　사로 처리한다.

・나중에　　= later

❷ 나는 + 좋다　　= I like

ⓒ ~을　　= that

**❸ 내가 +
　알 수 있다**　　= I can tell
　　　　　　・tell : 구별하다, 식별하다, 알다

216

ⓒ ~한 곳을

= where
- where = the place which

❹ 나는 + 갔었다

= I have been
- 한 눈에

= at a glance

어순 정리 When I look at them later, I like that I can tell where I've been at a glance. [문장4개]

5. 멀리 떠나오니 많이들 그리웠고 내 주변이 얼마나 소중하다는 것을 깨달은 것 같다.

= [나는] + [그리웠다] + 그들을 + 많이 + ~해보니 + [나는] + [떠나왔다] + 멀리 +
   S   V   S   V

그리고 + [나는] + [~같다] + ~인 것 + [나는] + [깨달았다] + 얼마나 + 소중하다
          S   V   S   V

는 것을 + [그들은] + [~이다] + 나에게
           S   V

❶ 나는 + 그리웠다

= I missed
- 그들을

= all of my friends and family
- 많이

= a lot

ⓒ ~해보니

= after

❷ 나는 + 떠나왔다

= I travelled
- '떠나오다' 의미는 여기서는 '여행해 오다'로 해석하면 된다.

- 멀리

= so far away

- 그리고

= ;
- 두 개의 문장은 서로 대등한 병렬식의 의미이며, ' ; '은 따로 접속사로 여기지 않는다.

❸ 나는 + ~같다

= I think

ⓒ ~인 것

= that
- 앞의 'I think'의 목적어 의미의 역할을 하는 명사절을 이끄는 접속사이다. 생략가능하다.

❹ 나는 + 깨달았다

= I've realized
- realize : 깨닫다

ⓒ 얼마나

= how
- 두 문장을 이어주는 관계 부사이다.

- 소중하다는 것을

= precious
- precious : 귀중한, 가치 있는

❺ 그들은 + 이다

= they are

- 나에게

= to me

어순 정리 I missed all of my friends and family a lot after traveling so far away; I think I've realized how precious they are to me. [문장4개]

218

※ 한글 문답을 보고 시간 내에 영어로 말해보기.(20초)

Korean ver.

8월 30일 월요일 더움

어제 파리 시내를 관광했다.

관광을 다 하고, 기념품 가게에 들렀다.

난 여행을 가면, 방문한 나라별로 기념품을 모은다.

나중에 기념품을 보면 내가 어디 갔었는지 한눈에 알 수 있어서 좋다.

멀리 떠나오니 많이들 그리웠고 내 주변이 얼마나 소중하다는 것을 깨달은 것 같다.

English ver.

Monday, August 30th hot

Yesterday, I went sightseeing downtown in Paris.

After taking in all the sights, I stopped by a souvenir shop.

When I go on a trip, I collect souvenirs for each country I visit.

When I look at them later, I like that I can tell where I've been at a glance.

I missed all of my friends and family a lot after traveling so far away; I

think I've realized how precious they are to me.